ミーティングの英語表現

デイビッド・セイン/マーク・スプーン

日本経済新聞出版社

はじめに

　外資系企業で働いている方々はもちろん、最近では一般の企業でも外国人が同席し、英語で会議が行われることが多くなっています。英語の会議は、慣れていないとどうしても緊張してしまうものです。ましてや、会社にとって重要な会議であればなおさらです。

　英語で発言しなければならないからといって、必要以上に緊張することはありません。英語が母国語でない以上、ある程度間違いをおかしてしまうのは仕方のないことです。コミュニケーションにおいて本当に重要なのは、「何を伝えるか」ということです。

　英語には "It's what you say, not how you say it."（重要なのは何を言うかであって、どのように言うかは二の次だ）という言い回しがあります。間違いを怖れるあまり、「本当に言いたいこと」を言えなくなってしまったら本末転倒ですよね。

　また、会議だからと言って、特にむずかしい表現を使う必要はありません。普段の話し方で十分です。この本でとりあげているフレーズは、平易なものばかりです。不必要に丁寧な表現を用いると、かえってよそよそしい感じになってしまい、相手に悪い印象を与えてしまうこともあります。社内ミーティングの場合は特にこのことを意識しましょう。

　知り合いの外国人のビジネスパーソンたちの愚痴をよく耳にしますが、日本の企業は「意味のない会議」が多すぎるようです。最初から結果が見えている「出

来レース」のような会議や、最後まで何の結論も出ない「形だけ」の会議などがあまりにも多すぎることに彼らは閉口していました。

　会議を行うときは、それがどんな会議であっても、必ず明確な目標設定を行いましょう。アジェンダを示し、前回の会議の内容を確認し、そして会議の目標を明示して、意義のある会議を行わなくてはなりません。

　そして、会議では自分の意見をきちんと表明することが大切です。日本人は、あまり積極的に発言しないという印象があります。反対意見があるなら、必ず述べましょう。また、相手の意見に完全に賛成の場合でも、そのことを言葉で表現しましょう。「どっちつかずの態度」は、ネイティブをイライラさせてしまいます。

　反対意見を言うことを怖れる必要はありません。積極的に建設的な意見を出して、esprit de corps「チームスピリット」を高めていきましょう。

　本書のフレーズを活用して、１人でも多くの方が有意義な会議を実践できるようになることを願っております。

　末筆ながら、日本経済新聞社出版局編集部の堀江さんおよび林さんに大変お世話になりました。

2006年2月

デイビッド・セイン
マーク・スプーン

目　次

はじめに　*3*

第1章
会議当日までの準備　*17*

1. **会議の開催を提案・要求する**　……………………　*18*
   上司に提案する／フォーマルな言い方／同僚などに提案する／会議の開催を強く要求する／カジュアルな「打ち合わせ」を提案する

2. **会議の参加者を選定する**　……………………………　*20*
   上司に相談する／参加者をリストアップする／外部のアドバイザーなどを招く／その他の表現

3. **会議の日時・場所を決定する**　………………………　*22*
   会議室を予約する／Eメールなどで参加を依頼する／部屋の確保を申し出る

4. **会議について確認する**　………………………………　*24*
   念押しの確認をする／ユーモラスな表現／電話で連絡する／Eメールで連絡する

5. **資料の準備を依頼する**　………………………………　*26*
   必要なデータを出してもらう／アジェンダの作成を頼む／視覚資料の作成を頼む／その他の表現

6. **アジェンダについて事前に知らせておく**　…………　*28*
   アジェンダを事前に送付する／アジェンダの内容を見てもらう／アジェンダを作って送り直す

Column1　会議の種類　………………………………………　*30*

第2章

会議を始める準備　*31*

1. 出席者を確認する……………………………… *32*
   全員そろったかどうか確認する／来ていない人を呼ぶ／遅刻したことを詫びる

2. 資料を配布する………………………………… *34*
   資料を配るときのひとこと／資料のコピーを頼む／各自に取ってもらう／その他の表現

3. テレビ会議などの準備をする………………… *36*
   聞こえるか確認する／見えるか確認する／マイクのテストをする／聞こえない／その他の表現

Column2　会議で使う電子機器 ………………… *38*

第3章

会議の導入部　*39*

1. 会議を始める…………………………………… *40*
   定刻になったので始める／全員がそろうまで待つ／その他の表現

2. 最初のひとことを述べる……………………… *42*
   謝辞を述べる／着席を促す／その他の表現

3. 紹介する………………………………………… *44*
   参加者を紹介する／自己紹介を促す／手短に済ませる

4. 基本的ルールの確認…………………………… *46*
   自由な発言を求める／必ず発言してもらう／いつでも質問してもらいたい／発言への割り込みを禁止する／質問に答える時間がない／時間を制限する

5．議題を提示する･･････････････････････････････ 48
今回の会議の議題を示す／ファシリテーターが会議のアジェンダを述べる／議題を複数示す／メインの議題を示す／議題の漏れがないか確認する

6．会議の流れを説明する･･････････････････････ 50
最初にすることを示す／順を追って示す／最重要項目を示す／その他の表現

Column3　会議で使えるひとこと ･････････････ 52

第4章

会議の基本的進行①──議題の提示　53

1．前回の会議の内容を確認する････････････････ 54
前回の会議の議事録を参照する／前回の議論を確認する／前回の会議の内容を要約する／保留になっている議題を挙げる

2．通知する ･･････････････････････････････････ 56
会社の方針を通知する／会社の長期計画について通知する／会社の統合について通知する／減給について通知する

3．報告する ･･････････････････････････････････ 58
役立つ情報を報告する／最新情報を報告する／報告してもらう

4．提案する ･･････････････････････････････････ 60
率直に提案する／控えめに提案する／強く提案する

5．意見を述べる①──私見を述べる ･････････････ 62
私見を述べる／控えめに私見を述べる／私見を強く主張する

6．意見を述べる②──確信を示す ･･･････････････ 64
強い確信を示す／かなり強い確信を示す／自分の意

見を通す／控えめに確信を示す

7. 意見を述べる③──推測に基づく意見を述べる ········ 66
   推測を述べる／推測の根拠を示す／試してみること
   を提案する／なんとなくそう思う

8. 理由・論拠を述べる ································· 68
   理由の1つを述べる／明白な理由を述べる／複数の
   理由を示す／理由をまず先に示す

9. 意見を求める ······································· 70
   全員の意見を求める／上司などに意見を求める／個
   人に意見を求める／カジュアルに意見を求める

10. 資料を参照してもらう ···························· 72
    グラフを参照してもらう／資料の指定したページを
    見てもらう／画面などを見てもらう

11. 将来の展望を述べる ····························· 74
    展望が良い／展望が悪い／展望が見通せない／将来
    の展望について考えてみることを提案する／その他
    の表現

Column4　会議の心構え PART 1 ············ 76

第5章

会議の基本的進行②──意見交換　77

1. 質問する ··· 78
   質問してもよいか確認する／複数の質問をする／具
   体的な情報を求める

2. 確認する ··· 80
   相手の意図を確認する／自分の理解が正しいか確認
   する／本当かどうか確認する

3．換言する･････････････････････････････････ *82*
　相手の発言を言い換える／言い換えをお願いする／言い換えることを申し出る／別の観点を示す

4．説明を求める･･･････････････････････････ *84*
　説明してもらう／詳しい説明を求める／わかりやすい説明を求める／簡潔な説明を求める

5．問題点を指摘する････････････････････････ *86*
　問題点を示す／複数の問題点を示す／重大な問題点を示す／その他の表現

6．質問に答える･･･････････････････････････ *88*
　自信がある／自信がない／あまり言いたくない／概略のみ述べる

7．相手の意見に賛成する･････････････････････ *90*
　完全に賛成する／納得したことを示す／賞賛する

8．相手の意見に反対する･････････････････････ *92*
　理解できない／まったく賛成できない／無理だということを述べる

9．相手の意見に部分的に賛成する･････････････ *94*
　大筋では正しい意見であることを述べる／完全に賛成なわけではない／修正が必要だが、おおむね賛成する

10．相手の意見に部分的に反対する･････････････ *96*
　賛成できない点を指摘する／1点だけ反対する／反対しながらも折れる

11．相手の意見に同調する･････････････････････ *98*
　ちょうど言おうと思っていた／右に同じ／そのとおり

12．相手の意見に疑問を示す ･･････････････････ *100*
　疑問を提示する／非現実的であることを指摘する／最善策ではないと指摘する／難色を示す／相手の不注意を指摘する

13. 相手の意見を批判する ……………… *102*
厳しく批判する／期待外れである／建設的に批判する／何かが欠けている

14. 批判に応じる ……………………… *104*
批判を受け入れる／批判に抗議する／批判を受け入れない

15. 仮定する ………………………… *106*
仮定的な話をする／仮定的な考えを示す／仮定的な話について意見を求める

16. 可能性を示す ……………………… *108*
可能性の高さを示す／可能性の低さを示す／その他の表現

17. 中立的な立場であることを述べる ……… *110*
コメントを避ける／立場を明らかにすることを避ける／情報が不足していることを述べる

Column5 会議の心構えPART 2 ……………… *112*

第6章
会議の基本的進行③──意見をまとめる　*113*

1. 評価・分析する ……………………… *114*
一般的な分析／評価・分析の必要性を述べる／メリットとデメリットの分析（プロコン分析）

2. 代案を示す ………………………… *116*
代案を提示する／相手の案を認めつつ代案を提示する／より良い案を示す

3. 妥協・譲歩する ……………………… *118*
妥協する構えを示す／妥協できない点を示す／妥協点を見出す／妥協の必要性を訴える

4．説得する ･････････････････････････････ *120*
　重要であることを述べる／助力を求める／どうして
　も妥協できない／その他の表現

5．熱意を示す ･････････････････････････････ *122*
　思い入れがあることを示す／会社にとって重要であ
　ると主張する／自信があることを訴える／リスクを
　認めつつ熱意を示す

6．納得する ･･･････････････････････････････ *124*
　完全に納得したことを示す／素晴らしい意見である
　ことを述べる／しぶしぶ納得する／心の底から納得
　する

7．採決する ･･･････････････････････････････ *126*
　採決を提案する／議論が出尽くしたことを述べる／
　時間がないので採決する／挙手によって採決する／
　無記名投票をする

　Column6　ネガティブイメージを持つ単語 ･･････ *128*

第7章

会議の基本的進行④──会議をまとめる　*129*

1．会議の内容を振り返る ･････････････････････ *130*
　議論したことをリストアップする／簡潔にまとめ
　る／会議のまとめを依頼する／後でメモを送る

2．アクションアイテムを整理する ･･････････････ *132*
　アクションアイテムの整理を提案する／アクション
　アイテムをリストアップする／漏れがないか確認す
　る／アクションアイテムの数を明示する

3．優先順位をつける ･････････････････････････ *134*
　優先順位が高いことを述べる／優先順位が低いこと
　を述べる／優先順位について全員で検討する

4．スケジュールを確認する ……………………… *136*
スケジュールが遅れている／スケジュールが進んでいる／各自のスケジュールを確認する／自分のスケジュールを示す

5．次回の会議を調整する ………………………… *138*
次回の日程を提案する／次回の議長を指名する／Eメールで後で伝える／次の会議の課題を伝える

6．会議を延長する ………………………………… *140*
延長を申し出る／延長すべきかどうか問いかける／議論の延長を要求する／延長を強く提案する

7．会議を切り上げる ……………………………… *142*
時間がない／最終発言者を決める／切り上げる／やや強引に切り上げる

8．報告書を作成してもらう ……………………… *144*
報告書の作成を依頼する／お願いする／報告書をまとめることを提案する

9．締めの挨拶 ……………………………………… *146*
ねぎらいの言葉を述べる／参加に対する謝辞を述べる／ひとこと付け加える／閉会する

Column7 会議関連用語PART 1 ……………… *148*

第8章

ブレインストーミング　*149*

1．ブレイングストーミングを提案する ………… *150*
ブレインストーミングの必要性を述べる／会議の代わりに提案する／カジュアルに提案する

2．制限時間を決める ……………………………… *152*
時間を区切る／どのくらいの時間を使えるかたずねる／どのくらいの時間がかかるか相談する／1人当

たりの発言時間を決める

3．思いついたことを述べる ………… *154*
個人的な意見を述べる／まとまっていない考えを示す／提案する／いいアイデアを思いついたことを示す

4．相手の意見を発展させる ………… *156*
相手の意見に付け加える／同意しつつ修正する／観点を変える必要性を述べる

5．合いの手を入れる ………… *158*
同意していることを示す／100％同意していることを示す／素晴らしいと思っていることを示す

6．評価・検討する ………… *160*
相手の意見の良い点を複数挙げる／良い点と悪い点を両方述べる／相手の意見の疑問点を指摘する

Column8 会議関連用語PART 2 ………… *162*

第9章
ファシリテーション　*163*

1．活発な議論を促す ………… *164*
積極的に発言してもらう／自由に発言してもらう／経験談や実情を聞く／アドバイスを求める／意見を求める

2．発言者を指名する ………… *166*
指名する／間接的に指名する／反対者を指名する

3．「困った人」に対処する ………… *168*
自己主張が強すぎる人に／辛辣(しんらつ)すぎる人に／文句ばかり言っている人に／非協力的な態度の人に

4．混乱を収拾する ………… *170*
落ち着かせる／けんかの仲裁に入る／結論を急がな

いようにする／静かにしてもらう

5．話を本題に戻す ………………………………… *172*
関係がない／本題に戻す／わき道にそれていることを指摘する

6．次の議題に移る ………………………………… *174*
次の議題に移ることを示す／話を切り上げる／次の議題を示す

7．休憩を挟む ……………………………………… *176*
休憩を挟むことを示す／休憩することを提案する／休憩を終わらせる／その他の表現

8．残り時間を告げる ……………………………… *178*
発言時間を制限する／会議の残り時間を告げる／急がせる／時間がないことを告げる

Column9　トラブルをユーモアで回避するPART 1 …… *180*

第10章

トラブルに対処する　*181*

1．会議を中座する ………………………………… *182*
次の予定がある／緊急の要件／中座することを告げる／中座して戻ってくる

2．不手際を詫びる ………………………………… *184*
機械などのトラブル／パソコンなどの不具合／資料の不備／その他の表現

3．相手の発言に割り込む ………………………… *186*
割り込む許可を求める／付け加える／ソフトに割り込む／発言をさえぎる

4．英語が苦手であることを最初に伝える ……… *188*
ファシリテーターから言う／自分から言う／口語やスラングなどを避けてもらう／簡単な表現を使うよ

う頼む／1人ずつ発言するよう求める

5．相手の英語がわからない ……………… *190*
わからない単語がある／聞き取れない／速くてわからない／わかったかどうか不安である

6．英語の適切な表現が浮かばない ………… *192*
英語でなんと言ったらよいかわからない／英語に訳すのがむずかしい／日本語を使いたい

7．通訳者を使う ……………………………… *194*
通訳者を使う許可を求める／通訳者を使う理由を告げる／通訳することを申し出る／通訳者を紹介する

Column10 トラブルをユーモアで解決するPART 2 … *196*

第1章
会議当日までの準備
Arranging the Meeting

▶ 会議当日までに決めておかなければならないことがいろいろあります。
▶ その日になっていきなり会議が招集されるということもありますが、実際はある程度の準備期間を置いてから会議を行うのが普通です。万全の準備を心がけましょう。

1. 会議の開催を提案・要求する

▶ 上司に提案する

☐ **I'd like to suggest that we hold a meeting.**

I'd like to suggest that we hold a meeting. If I may, I'd like to find out more about what you think.

会議を開くことを提案したいと思います。もしよろしければ、ご意見をうかがいたいのですが。

▶ フォーマルな言い方

☐ **I think a meeting is in order.**

I think a meeting is in order. That way it'll be possible to hear what everyone has to say.

会議を開く必要があると思います。そうすれば、1人1人の意見を聞くことができます。

→ in order「必要である」(=in need)

▶ 同僚などに提案する

☐ **I think we need to hold a meeting.**

I think we need to hold a meeting. That way we can get everyone's opinion at the same time.

会議を開く必要があると思います。そうすれば全員の意見を1度に聞くことができます。

第 1 章◆会議当日までの準備

☐ What do you think about holding a meeting?

<u>What do you think about holding a meeting?</u> It might be good to get together and exchange opinions.

会議を開くことについてどう思いますか？ 集まって意見の交換をするのもいいかもしれませんよ。

→ It might be good to... (または It might be a good idea to...) も、提案するときの定番表現。

▶ 会議の開催を強く要求する

☐ We're not going to get anywhere without a meeting.

<u>We're not going to get anywhere without a meeting.</u> We need everyone in the same room to get all the opinions.

会議をやらなければ何も進みません。一堂に会して、全員の意見を聞く必要があります。

→ not...get anywhere で「どこにも行かない」、つまり「何も進展しない」という意味になる。

▶ カジュアルな「打ち合わせ」を提案する

☐ Why don't we talk about...?

<u>Why don't we talk about</u> this over coffee? I'd like to get your input.

コーヒーでも飲みながら、この件について話しませんか？ あなたのご意見をお聞きしたいのです。

2. 会議の参加者を選定する

▶ 上司に相談する

☐ **Do you have any suggestions...?**

Do you have any suggestions about who should be at the meeting? It's probably not wise to invite everyone.

会議の参加者について何か提案していただけますか？おそらく、全員参加という形にしないほうがいいのではないでしょうか。

▶ 参加者をリストアップする

☐ **Let's make a list of...**

Let's make a list of potential participants. We only have a limited amount of seating.

参加者の候補をリストアップしてみましょう。座席数が限られていますから。

→ seating「座席の設備」

▶ 外部のアドバイザーなどを招く

☐ **Let's consider inviting...**

Let's consider inviting a few specialists. We need their input.

専門家を何人か招くことを検討してみましょう。彼らのアドバイスが必要です。

☐ I think we need an outside advisor.

<u>I think we need an outside advisor.</u> The right person could really help move things ahead.

外部のアドバイザーが必要だと思います。適切な人を選べば、進行がとてもスムーズになります。

→ move things ahead「議事を進行させる」

▶ その他の表現

☐ Let's think about who needs to be at the meeting.

<u>Let's think about who needs to be at the meeting.</u> Not everyone needs to be there.

その会議にだれが出席すべきか考えてみましょう。全員出席する必要はありません。

☐ I want...at the meeting.

<u>I only want Hiroshi Tanaka and Mariko Sato at the meeting.</u> Any more would be a waste of time.

会議には、田中宏さんと佐藤真理子さんだけに出席してもらいたい。これ以上人が増えても、時間の無駄になるから。

→上司（supervisor）が使うひとこと。

3. 会議の日時・場所を決定する

▶ 会議室を予約する

☐ get a room reserved

We'd better get a room reserved as soon as possible. Remember what happened last time?

できるだけ早く部屋を予約したほうがいいですね。この前のこともありますから。

☐ Could I ask you to find us a room?

Could I ask you to find us a room? I don't want to have another meeting in the hall.

会議用の部屋を探してもらってもいいですか？ ホールでの会議はもう避けたいのです。

→会議室の手配を人に頼む場合のパターン。

☐ Could you make all the arrangements?

Could you make all the arrangements? I want everything to be prepared.

準備をすべてお任せしてもよろしいですか？ 万全を期したいのです。

→これも人に頼むときのパターン。all the arrangementsは会議室の確保以外の、さまざまな準備全般を含む。

第1章◆会議当日までの準備

▶ Eメールなどで参加を依頼する

☐ We'd like to ask you to join us for...

We'd like to ask you to join us for an initial meeting on August 16. Your input on our new marketing strategy would be greatly appreciated.

8月16日の第1回会議にご出席ください。弊社の新しい市場戦略についてアドバイスをいただければ幸いです。

☐ If you have time, we'd like to invite you to...

If you have time, we'd like to invite you to our office on August 16 for a meeting. The main topic will be our new marketing strategy.

もしお時間があれば、8月16日に弊社で会議を行いますので、ご出席いただきたく存じます。会議の主なテーマは、弊社の新しい市場戦略についてです。

▶ 部屋の確保を申し出る

☐ If you'd like me to, I can go ahead and book a room.

If you'd like me to, I can go ahead and book a room. If we decide we don't need it, we can cancel it later.

よろしければ、こちらで部屋を予約しておきます。必要ないということになっても、後でキャンセルすれば済みますし。

→ go ahead and...「早速…する」「率先して…する」

4. 会議について確認する

▶ 念押しの確認をする

☐ You know...

<u>You know</u> that meeting on the 16th? Can you make it?

16日の会議の件はご存じですよね？ 出席できますか？

→ややカジュアルな言い方。Can you make it?「都合がつきますか？」「出席できますか？」

☐ Don't forget to...

<u>Don't forget to</u> come to the August 16 meeting. Everyone needs to be there—no excuses.

8月16日の会議には出席してください。必ず全員出席する必要があります。

▶ ユーモラスな表現

☐ Unless you have a note from your mother,...

<u>Unless you have a note from your mother</u>, I want you to come to the meeting.

お母さんからの「欠席届」がないのなら、会議に出ていただきたいのですが。

→アメリカの小学校などでは、欠席するときには保護者からの「欠席届」が必要。このことに引っかけたジョークである。a note from home とも言う。

第1章◆会議当日までの準備

▶ 電話で連絡する

☐ I'm just calling to...

<u>I'm just calling to</u> remind you about the meeting on August 16. Do you think you'll be able to make it?

8月16日の会議の件について確認させていただくためにお電話いたしました。ご出席いただけますでしょうか？

→ I'm just calling...のjustは「ちょっと電話してみました」というニュアンスで、押しつけがましくない言い方である。

▶ Eメールで連絡する

☐ This is just a reminder about...

<u>This is just a reminder about</u> the August 16 meeting. If you are unable to attend, I'd appreciate it if you could let me know as soon as possible.

8月16日の会議に関する確認です。出席できないようでしたら、できるだけ早めにご連絡いただきますようお願いいたします。

→ Eメールのタイトルを August 16 Meeting などにすると、よりわかりやすくなる。

5. 資料の準備を依頼する

▶ 必要なデータを出してもらう

☐ Could I ask you to give me...?

<u>Could I ask you to give me</u> the sales data for three years from 2003? I need it for my presentation to the board of directors.

2003年から3年間の売上げデータを用意していただけますか？ 取締役会へのプレゼン用に使いたいのです。

→比較的丁寧な言い方。

☐ I need...

<u>I need</u> sales data for the years 2003 to 2005 for my presentation to the board of directors. When can you have it ready?

2003年から2005年までの売上げデータを、取締役会へのプレゼンで使いたいのですが、いつまでに用意できますか？

→同僚あるいは部下に対するストレートな依頼。

▶ アジェンダの作成を頼む

☐ I need you to work on an agenda for the meeting.

<u>I need you to work on an agenda for the meeting</u>. Do you think you could finish it by Friday?

会議のアジェンダの作成をお願いしたいのですが、金曜

第1章◆会議当日までの準備

日までに終えられますか？

▶ 視覚資料の作成を頼む

☐ I'd like to ask you to make...

I'd like to ask you to make three graphs. The board of directors want to see the sales figures for 2003, 2004, and 2005.

グラフを3つ作ってもらいたいのですが。取締役会が、2003年、2004年および2005年の売上げを知りたがっているのです。

☐ break down these figures into...

We need to break down these figures into model color. Do we have the figures we need to do that?

数値データを色分けしなければならないのですが、必要なデータはそろっていますか？

→ break down into...「…に分類する」

▶ その他の表現

☐ make...copies of...

Could you make 50 copies of the material? We need to have them by 11:00AM.

その資料を50部コピーしてもらえませんか？ 午前11時までに必要なんです。

6. アジェンダについて事前に知らせておく

▶ アジェンダを事前に送付する

☐ **send out the agenda in advance**

I think it might help make the meeting go smoother if we can <u>send out the agenda in advance</u>. Everyone can browse through it and gather information.

前もってアジェンダを送付しておけば、スムーズに会議を進めることができると思います。全員がアジェンダをざっと読んで、情報を収集しておけますから。

→ browse「眺める」「覗く」

☐ **Don't forget to send out the agenda.**

<u>Don't forget to send out the agenda.</u> I want everyone to come prepared.

アジェンダを忘れずに送付してください。全員が予備知識を持って参加してもらいたいので。

▶ アジェンダの内容を見てもらう

☐ **see if it's clear enough**

Could you browse through the agenda in your free time and <u>see if it's clear enough</u>?

時間があるときにアジェンダにざっと目を通して、不明な点がないかチェックしていただけませんか?

☐ Do you think I should correct the agenda...?

Do you think I should correct the agenda now or should I just tell everyone about the changes at the beginning of the meeting?

アジェンダを今修正すべきでしょうか、それとも会議の冒頭で変更点を伝えるほうがいいでしょうか?

→あまり大きな変更が行われないのであれば、会議の冒頭で変更点を述べるケースが多いようである。

▶ アジェンダを作って送り直す

☐ I've enclosed an update to the agenda that I sent to you on...

I've enclosed an update to the agenda that I sent to you on October 10. The biggest change is that a separate meeting will be held to plan our five-year marketing strategy.

10月10日にお送りしたアジェンダをアップデートしたものを同封しました。最も大きな変更点は、今後5年間の市場戦略を練るための会議を別個に開くということです。

Column1 会議の種類

ひとくちに「会議」と言っても、いろいろな種類の会議があります。それぞれ英語で何と言うのか、確認してみましょう。

◆会社で行われる会議
staff meeting　　　部局会議
in-house meeting　　　社内会議
　→ office meetingとも言う。
sales meeting　　　販売会議
editorial meeting　　　編集会議
executive board meeting　　　役員会議
management conference　　　経営会議
company-wide meeting　　　社内全体会議

◆会議の形態
emergency meeting　　　緊急会議
regular meeting　　　定例会議
weekly meeting　　　週例会議
monthly meeting　　　月例会議
joint conference　　　合同会議
　→ meetingよりconferenceのほうが一般に規模が大きい。
plenary session　　　全体会議
　→ plenary「全員出席の」「絶対的な」。preparatory session「予備会議」に対する「本会議」という意味でも用いられる。
teleconference　　　電話会議
videoconference　　　ビデオ会議

第2章
会議を始める準備
Preparing for the Meeting

- ▶会議の最中に発生するトラブルを未然に防ぐために、当日の準備はとても大切です。
- ▶電話会議やテレビ会議、最近ではインターネット会議なども当たり前のように行われます。回線や音響機器は十分にテストしておく必要があります。

1. 出席者を確認する

▶ 全員そろったかどうか確認する

☐ **Are we missing anyone?**

It looks like everyone's here. Are we missing anyone?

全員そろったようですね。来ていない人はいますか?

☐ **If everyone is here now, I think we'd better get started.**

If everyone is here now, I think we'd better get started. We don't have much time.

全員そろっているようなら、始めましょう。あまり時間がありませんので。

☐ **We can't wait any longer.**

We can't wait any longer. Let's get started.

もうこれ以上待てません。始めましょう。

→まだ来ていない人がいるが開始してしまう場合。

▶ 来ていない人を呼ぶ

☐ **Maybe we should give him a call and see if he's coming.**

Maybe we should give him a call and see if he's coming.

電話をして、彼に来る意思があるのかどうか確かめたほうがいいかもしれません。

第 2 章◆会議を始める準備

☐ Do you think we should give him a call?

<u>Do you think we should give him a call?</u> Maybe he forgot.

彼に電話したほうがいいでしょうか？ もしかしたら忘れているのかもしれません。

☐ Could you call...?

<u>Could you call</u> Bill and find out why he's not here<u>?</u>

ビルに電話して、なぜ来ていないのか調べてください。

☐ Call him and tell him I want him here now.

<u>Call him and tell him I want him here now.</u>

彼に電話して、すぐに来てほしいと私が言っていると伝えてくれ。

→ややきつめのひとこと。

▶ 遅刻したことを詫びる

☐ I'm sorry about being late.

<u>I'm sorry about being late.</u> My previous meeting ran late.

遅くなってすみません。前の会議が長引いてしまったもので。

→ run late「予定より長引く」

2. 資料を配布する

▶ 資料を配るときのひとこと

☐ Here's a set of handouts...

<u>Here's a set of handouts</u> I'd like you to look at as we go through the meeting. Please try not to read ahead.

こちらの資料を会議中にいっしょに見ていきたいと思います。先に読んでしまわないように願います。

☐ I'd like to give you...

<u>I'd like to give you</u> a set of handouts on our sales strategy.

販売戦略に関する資料をお渡しします。

▶ 資料のコピーを頼む

☐ Could I ask you to make X copies of...?

<u>Could I ask you to make three</u> more <u>copies of this?</u>

この資料をあと3部コピーしてもらえませんか？

☐ I'm having some copies made right now.

<u>I'm having some copies made right now.</u> I'll give them to you when they arrive.

今コピーしてもらっています。届き次第、お渡しします。

▶ 各自に取ってもらう

☐ There are...

There are some handouts on the table in the back. Could I ask everyone to pick one up as you come in?

後ろのテーブルの上に資料が置いてあります。入室の際、お１人１部ずつお取りください。

▶ その他の表現

☐ Could you help me...?

John, could you help me pass these out?

ジョン、配るのを手伝ってもらえませんか？

→ pass out「配る」（=distribute）

☐ in the handouts

Don't worry about taking notes. I'll give this to you in the handouts at the end of the meeting.

メモを取る必要はありません。会議が終わったら、これを資料としてお渡ししますので。

→ in the handouts「持ち帰り用の資料として」

3. テレビ会議などの準備をする

▶ 聞こえるか確認する

☐ **Can everyone hear me?**

<u>Can everyone hear me?</u> I'm afraid we don't have a microphone.

みなさん、私の声が聞こえますか? マイクが準備されていないようです。

▶ 見えるか確認する

☐ **Is this clear enough?**

<u>Is this clear enough</u> for everyone to see? Let me see if I can make it bigger.

はっきり見えますか? もう少し画面を大きくできるかどうかやってみます。

▶ マイクのテストをする

☐ **Testing, testing.**

<u>Testing, testing.</u> One, two, three, four…

ただ今マイクのテスト中。1、2、3、4……。

▶ 聞こえない

☐ **Could I ask you to talk a little loud-**

第 2 章◆会議を始める準備

er...?

Could I ask you to talk a little louder so everyone can hear?

みなさんに聞こえるよう、もう少し大きな声で話していただけますか？

☐ I'm afraid I'm going to have to ask you to repeat that.

I'm afraid I'm going to have to ask you to repeat that.

すみませんが、もう1度言ってもらえませんか？

▶ その他の表現

☐ Someone will bring you a microphone.

If you have a question, raise your hand and someone will bring you a microphone.

質問のある方は挙手をお願いします。マイクをそちらにお持ちいたしますので。

→会議やプレゼンでマイクを使う場合のパターン。

☐ The sound system doesn't seem to be working very well.

The sound system doesn't seem to be working very well today.

音響システムの調子が、今日はなんだか悪いみたいですね。

→不具合があるとき。

Column2 会議で使う電子機器

会議で使われる電子機器を英語で何と言うのか、見てみましょう。

LCD　　　液晶ディスプレイ
→ liquid crystal display の略。
LCD data projector　　　液晶データプロジェクター
→パソコンと接続してデータを投影する装置。
slide projector　　　スライドプロジェクター
→スライドを投影するためのプロジェクターを指す。いわゆる「幻灯機」は lantern-slide projector と言う。
projection screen　　　投影スクリーン
→プロジェクターの映像を映すためのスクリーン。
OHP　　　OHP
→ overhead projector の略。普通の紙に印刷されたものを、そのまま画面に投影できるタイプのプロジェクターは、presentation camera などと呼ばれる。
camcorder　　ビデオカメラ
→カメラとレコーダーが一体になった video camera のことを特にこう呼ぶ。
microphone　　マイク
→「ワイヤレス式マイク」は wireless microphone または radio microphone と言う。
laser pointer　　レーザーポインター
→昔ながらの「指示棒」は pointer または fescue と言う。

第3章
会議の導入部
Starting the Meeting

▶ メンバーが集まっても、最初のひとことがなければ会議は始まりません。スムーズに会議を始めるために役立つフレーズを紹介します。

▶ 会議の目標や全体的な流れについても、最初にきちんと示しておきましょう。基本的ルール（ground rules）の設定を行う場合もあります。

1. 会議を始める

▶ 定刻になったので始める

☐ It's 3:00, so let's get started.

It's 3:00, so let's get started. The others will have to catch up later.

3時になりましたので、始めましょう。遅刻して来る人には、そこまでの内容を教えてあげることにしましょう。

→catch up「追いつく」

☐ Those who aren't here will just have to suffer.

I said that we're going to lock the doors at 3:00, so let's do it. Those who aren't here will just have to suffer.

3時には会議室のドアのカギを閉めると伝えてあったのですから、そのとおりにしましょう。まだ来ていない人は困るでしょうけれど。

→つまり「来ない人が悪い」ということ。

☐ I think we need to get started.

Not everyone is here yet, but I think we need to get started.

まだ全員そろっていませんが、始めましょう。

第3章◆会議の導入部

▶ 全員がそろうまで待つ

☐ We'd better wait until everyone arrives.

It's 3:00, but I think we'd better wait until everyone arrives. I don't want to repeat myself.

3時になりましたが、全員がそろうまで待ったほうがいいと思います。後で同じことを言いたくありませんので。

→ repeat oneself「同じことを繰り返し言う」

☐ Let's wait for a few more minutes.

Let's wait for a few more minutes and see if everyone comes.

あと２、３分ほど、みんなが来るかどうかを待ってみましょう。

▶ その他の表現

☐ Why don't we get started?

It's not 3:00 yet, but everyone is here, so why don't we get started?

まだ３時になっていませんが、全員そろっていることですし、始めませんか？

2. 最初のひとことを述べる

▶ 謝辞を述べる

☐ **I'd like to thank everyone for coming.**

<u>I'd like to thank everyone for coming</u> despite your busy schedules.

お忙しい中、お越しいただきましてありがとうございます。

☐ **Thank you so much for taking time out of your busy schedule.**

<u>Thank you so much for taking time out of your busy schedule</u> to be here today.

本日はお忙しいところ、お時間を割いてお越しいただきましてありがとうございます。

☐ **Thank you for coming today.**

<u>Thank you for coming today.</u>

今日は来てくれてありがとうございます。

→少しカジュアルな言い方。

▶ 着席を促す

☐ **I'd like to ask everyone to find a seat.**

<u>I'd like to ask everyone to find a seat</u> so we can get started.

会議を始めますので、皆様、席にお着きください。

→まだ全員が席に着いていない場合に使う。

▶ その他の表現

☐ Let's try to get this over with as quickly as possible.

Let's try to get this over with as quickly as possible.

なるべく早く終わらせるようにしましょう。

→ get over with... 「…を完了させる」

☐ After the meeting, why don't we...?

After the meeting, why don't we go to lunch?

会議が終わったら、みんなでランチに行きませんか?

☐ despite the terrible weather

I'm so glad that you all could attend despite the terrible weather.

悪天候にもかかわらず、全員参加していただき嬉しく思います。

→「お足もとが悪いところ」というニュアンス。

3. 紹介する

▶ 参加者を紹介する
☐ I'd like to introduce you to...

I'd like to introduce you to Jiro Tanaka. He's a specialist in planning marketing strategies.

田中次郎さんをご紹介します。彼は市場戦略のプランニングのスペシャリストです。

▶ 自己紹介を促す
☐ Please introduce yourself.

Please introduce yourself.

自己紹介をお願いします。

→個人を指名して言う場合。自分から紹介を始める場合は、I guess I'll go first.などを用いるとよい。

☐ Why don't we go around and introduce ourselves?

Why don't we go around and introduce ourselves?

順番に自己紹介していきましょう。

→個人を指名せず、参加者全体に対して言う場合。go around「1人ずつ順番に回っていく」

☐ Could you give us...?

Could you give us your name, where you work,

and what your role is regarding the marketing strategy?

お名前とお勤め先、市場戦略におけるあなたの役割について教えていただけませんか?

▶ 手短に済ませる

☐ Let's take just a few minutes to introduce ourselves.

Let's take just a few minutes to introduce ourselves. Just give your name and the department you work for.

少しだけ自己紹介の時間をとりましょう。お名前と所属部署だけおっしゃっていただければ結構です。

☐ I'd like to ask everyone to stand and give a brief self-introduction.

I'd like to ask everyone to stand and give a brief self-introduction.

起立して、手短に自己紹介をお願いします。

☐ We don't have time to introduce everyone, but...

We don't have time to introduce everyone, but please take a few minutes and introduce yourself to the person on your right and the person on your left.

全員を紹介する時間はありませんが、各自、両隣の人に2、3分で自己紹介をしてください。

4. 基本的ルールの確認

▶ 自由な発言を求める

☐ **Feel free to say whatever is on your mind.**

This is just a casual meeting, so feel free to say whatever is on your mind. No one's taking notes.

これはカジュアルな会議です。ですから、なんでも思いついたことを言ってください。だれもメモは取りません。

→ feel free to...「自由に…する」

▶ 必ず発言してもらう

☐ **We don'need any fence-sitters.**

I want everyone's input on this problem. We don't need any fence-sitters.

この問題に関しては、全員の意見が必要なのです。日和見主義者は必要ありません。

→ fence-sitterは「フェンスの上で戦いを傍観している人」ということから、「どっちつかずの意見しか言わない人」のこと。

▶ いつでも質問してもらいたい

☐ **Don't hesitate to stop me anytime.**

Please let me know if you have any questions. Don't hesitate to stop me anytime.

第3章◆会議の導入部

質問があったら、どんなことでもおっしゃってください。いつでも話をさえぎって結構です。

→特にファシリテータが言うひとこと。

▶ 発言への割り込みを禁止する

☐ hold your questions until I've finished

I'd like to ask you to hold your questions until I've finished with my presentation.

私の発表が終わるまで、質問は待っていただきたいと思います。

▶ 質問に答える時間がない

☐ We won't have time for questions today.

We won't have time for questions today, but I will answer any questions you might have if you send them to me by e-mail.

今日は質問に答えている時間がありませんが、Eメールで送っていただければ、どんな質問にもお答えします。

▶ 時間を制限する

☐ Please be brief.

Please be brief and say what you need to say in two minutes.

なるべく簡潔に、発言は2分以内でお願いします。

5. 議題を提示する

▶ 今回の会議の議題を示す

□ **Today I'd like to discuss with you...**

Today I'd like to discuss with you our advertising campaign for next year.

今日は、わが社の来年の広告キャンペーンについて話し合いたいと思います。

▶ ファシリテーターが会議のアジェンダを述べる

□ **Let me go over the issues...**

First of all, let me go over the issues we need to talk about in this meeting.

まず、今日の会議で話し合わなければならないテーマを順番に見ていきましょう。

▶ 議題を複数示す

□ **The first item is... The second item is... And the third item is...**

The first item is the advertising campaign for next year. The second item is the budget for this year. And the third item is delays on the production line.

最初の議題は来年の広告キャンペーンについて、2番目の議題は今年の予算について、そして、3番目の議題は生産ラインの遅れについてです。

☐ We need to talk about three things today.

We need to talk about three things today. The advertising campaign for next year, the budget for this year, and finally, the delays on the production line.

話し合うべきことが3つあります。来年のキャンペーン、今年の予算、そして最後に生産ラインの遅れについてです。

▶ メインの議題を示す

☐ The main purpose of this meeting is...

The main purpose of this meeting is to discuss our campaign for next year.

この会議の主な目的は、来年のキャンペーンについて話し合うことです。

▶ 議題の漏れがないか確認する

☐ Is there anything else that we need to talk about?

I've written the agenda on the whiteboard. Is there anything else that we need to talk about?

ホワイトボードに議題を書き出しましたが、他に話し合うべきことはありますか?

6. 会議の流れを説明する

▶ 最初にすることを示す

☐ We'll begin by...

We'll begin by discussing the current situation, and then we'll discuss our targets for this year. And finally, we need to develop a strategy for reaching our targets.

まず初めに、現状について話し合いましょう。それから、今年の目標について話し合います。最後に、目標を達成するための戦略を練る必要があります。

☐ After...

After discussing the current situation, then we'll discuss our targets. And finally, we'll move on to what we can do to accomplish our goals.

まず現状について話し合った後、目標について話し合います。そして最後に、目標を達成するために何ができるのかについて話し合いたいと思います。

▶ 順を追って示す

☐ First,... Second,... And third,...

We need to do three things today. First, we need to make sure everyone understands the current situation. Second, we need to clarify what we want to accomplish. And third, we need to set a strategy for accomplishing what we want.

今日は3つしなければならないことがあります。まず、現状を全員に理解させること。2番目に、達成したいことを明確にすること。そして3番目に、その目標を達成するための戦略を決めることです。

▶ 最重要項目を示す

☐ The main thing we need to talk about today is...

The main thing we need to talk about today is the current situation. If we have time, then we'll talk about our targets. We might also have time to talk about what we can do to reach our targets.

本日の最重要議題は、現況についてです。もし時間が許せば、目標についても話し合います。さらに時間があれば、目標を達成するために何ができるかについても話し合えるかもしれません。

▶ その他の表現

☐ We'll only have time to...

We need to talk about the current situation, our targets, and our strategy, but today we'll only have time to discuss the current situation.

現況・目標・戦略について話し合わなければならないのですが、今日は現況について話し合う時間しかありません。

Column3 会議で使えるひとこと

あいづちやつなぎの言葉として、会議で頻繁に使用される「ひとこと」を紹介します。

◆賛成・同意・肯定
That makes sense.　　なるほど。ごもっとも。
I know.　　そうだね。
You're right.　　そのとおり。
That's true.　　そうですね。
You got that.　　同感だ。
　→ややカジュアルな表現。You got that right.とも言う。
Well, sort of.　　まあ、そんな感じです。
　→完全に肯定はしないものの、「大筋では正しい」というときに用いる表現。

◆反対・疑義
I don't know.　　わからないなあ。
I kind of doubt that.　　ちょっとどうかと思うよ。
Are you sure?　　本当に？
How can that be?　　そんなわけないよ。

◆つなぎの言葉
Um... how can I put it?
　ええと、どう言えばいいのかな。
Uh...it's like this, you see?
　だから、こういうことなんだよ。わかる？
　→こう言ってから、意見を述べ始める。

第4章
会議の基本的進行①
議題の提示
Presenting the Agenda

- ▶ 前回の会議の内容を踏まえつつ、議論すべき事柄を明確にします。
- ▶ 本格的な「ディスカッション」に入る前の予備段階です。報告や通知、資料に関する説明などの「事実確認」的な作業と、自分の意見を伝えることが、この段階での中心テーマになります。

1. 前回の会議の内容を確認する

▶ 前回の会議の議事録を参照する

☐ **I'd like to spend a few minutes going over the minutes from the previous meeting.**

<u>I'd like to spend a few minutes going over the minutes from the previous meeting</u> so that we can continue where we left off.

前回の続きから始めるために、前回の会議の議事録をざっと見直したいと思います。

▶ 前回の議論を確認する

☐ **Let me remind you of what we talked about last time.**

<u>Let me remind you of what we talked about last time.</u> That way we can avoid some duplication.

前回何を議論したかを確認しましょう。そうすれば、また同じ話をしなくて済みますから。

▶ 前回の会議の内容を要約する

☐ **I've summarized the minutes...**

<u>I've summarized the minutes</u> from last week's meeting. Could you take a second to look over them? I think that'll save us some time.

第4章◆会議の基本的進行①──議題の提示

先週の会議の議事をまとめてみましたので、読んでみていただけますか？ 時間の節約になると思います。

☐ Could you summarize last week's meeting?

George, could you summarize last week's meeting? I think that'll help to make this meeting more efficient.

ジョージ、前回の会議の内容を要約してもらえませんか？ そうすれば、会議をより効率的に行うことができると思います。

→部下などに要約を頼む場合。

▶ 保留になっている議題を挙げる

☐ We still have a few issues left...

We still have a few issues left from our previous meeting, so let's discuss them first.

前回の会議で持ち越した議題がいくつかありますので、それについて先に話し合いましょう。

☐ There's one thing that we forgot to talk about...

There's one thing that we forgot to talk about at our previous meeting. Let's take a few minutes to talk about the budget for next year.

前回の会議で議論し忘れたことが1つあります。来年度の予算について少し話し合いましょう。

2. 通知する

▶ 会社の方針を通知する

☐ **There are a few announcements I need to make.**

There are a few announcements I need to make. First, we've decided to change our policy concerning vacation time.

いくつかお知らせしなければならないことがあります。まず、休暇に関する会社の方針の変更が決定されました。

▶ 会社の長期計画について通知する

☐ **I'm afraid I have to inform you about...**

I'm afraid I have to inform you about some changes in our long-term plan. Today I'd like to outline the changes for you.

会社の長期計画にいくつか変更があったということをお伝えしなければなりません。今日は、変更の概要について説明します。

☐ **There're going to be some changes...**

There're going to be some changes in the long-term plan. Listen carefully and don't miss anything.

長期計画にいくつか変更が加えられる予定です。(これから説明しますので)注意して、聞き逃さないようにお願いします。

第4章◆会議の基本的進行①──議題の提示

▶ 会社の統合について通知する

☐ I need to notify you about...

I need to notify you about a merger plan. I know this comes as a surprise to you, but it's something we need to do for the survival of the company.

合併計画についてお伝えしなければなりません。驚かれたことと思いますが、会社が生き残っていくためにはこうしなければならないのです。

☐ ...I need to tell you about.

There's going to be a merger I need to tell you about. It's not the best thing to happen, but at least the company will survive.

言っておかなければならないことがあります。これから会社の合併が行われます。最善の選択とは言えませんが、少なくともこうすることで会社は生き残ることができます。

▶ 減給について通知する

☐ I need to inform you that...

I need to inform you that, based on your performance last year, your salary is being reduced by three percent. I know you're disappointed, but we have to follow company policy.

昨年の業績によって、あなたの給料が3％カットされるということをお伝えしなければなりません。残念ですが、会社の方針に従わなければいけませんので。

3. 報告する

▶ 役立つ情報を報告する

☐ By way of announcements,...

<u>By way of announcements,</u> I'm happy to report that our sales last month increased by 10 percent over the same month in the previous year.

報告があります。喜ばしいことに、先月の売上げは前年比で10％アップしました。

→「お知らせ」「報告」をする際の前置き表現。

▶ 最新情報を報告する

☐ You might be interested to know that...

<u>You might be interested to know that</u> ABC's new computer will be coming out in June. From what I've heard, it's very similar to our B3 Model.

興味をお持ちの方もいらっしゃると思いますが、ABC社は新型コンピュータを6月に発売します。聞くところによると、弊社のB3型に酷似しているとのことです。

☐ I'd like to give you an update on...

<u>I'd like to give you an update on</u> the sales figures for our new computer model. Sales rose by 10 percent last month.

弊社の新型コンピュータの販売台数の最新情報をお伝えしたいと思います。売上げは先月と比べ、10％伸びま

した。

→ update「最新情報」

▶ 報告してもらう

☐ Could you give us an update on...?

Mary, could you give us an update on the current sales strategy? We'd also like to know how effective you think it is.

メアリー、現在の販売戦略に関する最新情報を教えていただけますか？ また、その戦略の効果に対するあなたの意見もお聞きしたいのですが。

☐ ...will now update us on...

Mary will now update us on the progress we're making with the current sales strategy. She'll also give us her evaluation of its effectiveness.

販売戦略の進展について、メアリーから最新情報を報告してもらいます。同時に、戦略の効果に対する評価もしてもらいます。

4. 提案する

▶ 率直に提案する

☐ This is my suggestion.

This is my suggestion. We rent an office for two months while we make repairs on this building. That way we can maintain productivity and save money.

これは提案です。現社屋の補修をする間、2カ月間オフィスを借りましょう。そうすれば生産性を維持できますし、お金の節約もできます。

▶ 控えめに提案する

☐ I'd like to make a suggestion, if I may.

I'd like to make a suggestion, if I may. Why don't we just rent an office for two months while making repairs? If I'm not mistaken, that will save us time and money.

よろしければ1つ提案したいことがあります。補修工事中の2カ月間オフィスを借りませんか？ 私の考えに間違いがなければ、時間とお金を節約できるはずです。

☐ What do you think about...?

What do you think about that suggestion? Is the amount of money and time we'll save really significant?

その提案についてどう思いますか？ お金と時間をかなり節約できると思いますか？

→What is your opinion?は上からものを言っているような感じになるため、このようにWhat do you think?を用いるとよい。

☐ Do you think it would be appropriate to make some suggestions?

<u>Do you think it would be appropriate to make some suggestions?</u> I think I know of a way that we can cut our costs and also increase efficiency.

いくつか提案させていただいてもよろしいでしょうか？ コストを抑えて効率を上げる方法が1つあります。

▶ 強く提案する

☐ We need to...

<u>We need to</u> find an office to rent for two months. Then, when the repairs are done on this building we can move back in. It's the only way we can stay productive and save money.

オフィスを探して、2カ月間借りる必要があります。それから、このビルの修理が終わった時点で、戻ってくればいいのです。これが生産性を保ち、お金の節約をするための唯一の方法です。

5. 意見を述べる① ── 私見を述べる

▶ 私見を述べる

☐ If you ask me, I think that...

<u>If you ask me, I think that</u> we need to change the dress code. We don't need to wear a suit if we're not going to meet with clients.

私に言わせれば、服装規定の変更が必要です。クライアントに会うのでなければ、スーツを着る必要はないでしょう。

☐ If you want my opinion,...

<u>If you want my opinion,</u> the dress code is outdated. If I were in charge, then we'd change the dress code.

言わせていただければ、その服装規定は時代遅れです。私が責任者の立場なら、服装規定を変更するでしょうね。

▶ 控えめに私見を述べる

☐ My personal opinion is that...

<u>My personal opinion is that</u> the dress code is too strict. I don't know why we can't dress casually when we aren't going to be meeting with clients.

私見ですが、服装規定が厳しすぎると思います。クライアントに会いに行かない場合に、カジュアルな服装でい

てはいけない理由がわかりません。

☐ Maybe it's just my opinion, but...

Maybe it's just my opinion, but I kind of think we should change the dress code.

私だけの意見かもしれませんが、服装規定を変更したほうがいいように思われるのです。

→ kind of think「なんとなくそう思われる」

▶ 私見を強く主張する

☐ I strongly believe that...

I strongly believe that this policy is wrong. It's wrong for several reasons. One of them is that it hurts employee morale.

この方針は間違っていると強く思います。それにはいくつかの理由がありますが、1つの理由は従業員の士気が下がってしまうということです。

☐ That's just one of the reasons why I think...

This policy hurts employee morale. That's just one of the reasons why I think it's wrong.

この方針は従業員の士気を下げてしまいます。これは、方針が間違っていると私が考える理由の1つにすぎません。

→「他にも理由はいくつでも挙げられます」というニュアンス。

6. 意見を述べる② ── 確信を示す

▶ 強い確信を示す

☐ I have a firm belief that...

<u>I have a firm belief that</u> what I am saying is true. It'll only be a matter of time before you'll agree with me.

私の言っていることは正しいと、強く確信しています。全員の賛成を取りつけるのも、時間の問題です。

→「強い確信」は strong beliefではなく、このように firm beliefと表現するのが普通。

☐ I think everyone will agree with me on...

<u>I think everyone will agree with me on</u> this. It's really the best plan of action.

みなさんも、このことに賛成していただけると思います。本当に最良の行動計画だと思いますので。

▶ かなり強い確信を示す

☐ I don't just think, I know that...

<u>I don't just think, I know that</u> this is a good idea. I can't see anything wrong with it.

これがいい考えであるとただ思うだけではなく、私は知っているのです。何ひとつ間違っていません。

→かなり強い自己主張の表現。この場合のknowは「確

信している」という意味合いになる。

☐ I have no doubts that...

I have no doubts that this will work. It's our very best option at this time.

これがうまくいくということに関してはなんら疑いの余地はありません。現時点での最良の選択肢です。

▶ 自分の意見を通す

☐ I know there are other viewpoints, but...

I know there are other viewpoints, but I am willing to stake my reputation on this.

他にも考え方があるとは思いますが、私はこのことで自分の評判が悪くなっても構いません。

→ be willing to...は「厭わない」「やぶさかでない」というニュアンス。

▶ 控えめに確信を示す

☐ I can't say I know for certain, but...

I can't say I know for certain, but I am quite sure about this.

本当のところはわかりませんが、かなり確信しています。

→ I am quite sure...はかなり強い言い方なので、前置きとしてこの言い方を用いて、語気を和らげている。

7. 意見を述べる③──推測に基づく意見を述べる

▶ 推測を述べる

☐ I'm not sure, but I think that...

I'm not sure, but I think that this plan will work. I think we won't know for sure unless we implement it.

確信しているわけではありませんが、この計画はうまくいくと思います。実行してみるまで、確かなことは何もわからないでしょう。

☐ I guess...

I guess this plan is the best. Nothing is certain, but it seems the best to me.

この計画は最良のものだと思います。確かなものは何もありませんが、私には最良であると思われるのです。

→ Nothing is certain. も単なる推測を述べるときに用いる表現。

▶ 推測の根拠を示す

☐ Based on..., I would say that...

Based on the information I have, I would say that this is the best plan. Why don't we try it and see what happens?

私の持っている情報によれば、これが最良の計画だと言うことができます。どうなるかやってみませんか？

第4章◆会議の基本的進行①——議題の提示

▶ 試してみることを提案する

☐ Let's try it and see if it works.

This is just an opinion, but I think this plan is our best option. Let's try it and see if it works.

これはただの意見にすぎませんが、この計画が私たちにとって最良の選択肢だと思います。うまくいくかどうか、やってみませんか？

☐ Why don't we give it a try and see what happens?

I have to think that this plan is the best. Why don't we give it a try and see what happens?

この計画が最善であるように思われてなりません。どうなるか、実際にやってみませんか？

→ I have to think...は「そう思われてならない」というニュアンス。

▶ なんとなくそう思う

☐ I have a feeling that...

I have a feeling that this is the best plan. In order to be more certain, we need to do some more studies.

これが最良の計画であるような気がします。さらに確かなことが言えるようになるためには、もっと研究する必要があります。

8. 理由・論拠を述べる

▶ 理由の1つを述べる

☐ One of the reasons why I think...

<u>One of the reasons why I think</u> that way is that we have already used up most of our budget.

このように私が考える理由の1つは、予算の大半をすでに使ってしまっているということです。

→ one of...that way までが主語になっている。

▶ 明白な理由を述べる

☐ The obvious reason is...

<u>The obvious reason is</u> money. We've already used up most our budget for the current fiscal year.

明白な理由はお金の問題です。今年度の予算の大半をすでに使ってしまっています。

→ fiscal year「営業年度」「事業年度」

▶ 複数の理由を示す

☐ There are several reasons.

<u>There are several reasons.</u> For one thing, we only have a limited budget.

理由はいくつかあります。まず第1に、限られた予算しかないということが挙げられます。

☐ I can give you a lot of reasons.

I can give you a lot of reasons. Perhaps the most significant reason is that we are running out of money.

理由はいくらでも挙げられます。おそらく、最も重要なのは、お金が底を尽きかけているということです。

☐ There're lots of reasons why...

There're lots of reasons why we can't do this right now. The biggest one is that we don't have the money. We have to stay within our budget.

今すぐこれを実行できない理由はたくさんあります。最大の理由は、お金がないということです。予算の範囲内にとどめておくべきです。

▶ 理由をまず先に示す

☐ This leads me to think that...

Let me just say that we are running out of money. This leads me to think that now is not the right time to start something new.

お金が底を尽きかけています。このことから、今は新規に何かを始めるのに適した時期ではないと思うのです。

9. 意見を求める

▶ 全員の意見を求める

☐ **I'd like to ask for everyone's opinion on this.**

I'd like to ask for everyone's opinion on this. We want to have everything on the table.

これに関しては、全員の意見を聞きたいと思います。あらゆる意見を検討したいからです。

→ have...on the table「…を審議する」「…を検討する」

▶ 上司などに意見を求める

☐ **If I may, I'd like to ask you about...**

If I may, I'd like to ask you about the new consultant, George Green. Is he doing what we want him to be doing?

よろしければ、新しいコンサルタントのジョージ・グリーンについて意見を聞きたいと存じます。彼は、我々が求めている仕事をやっているでしょうか?

▶ 個人に意見を求める

☐ **I'd like to know what you think about...**

I'd like to know what you think about George Green, the new consultant. Do you think he's really as good as everyone thinks?

第4章◆会議の基本的進行①――議題の提示

新しいコンサルタントのジョージ・グリーンについて、あなたの意見をお聞きしたいのです。彼はみんなが言うほど、有能だと思いますか？

▶ カジュアルに意見を求める

☐ Am I right?

George Green doesn't seem to be producing any results. <u>Am I right</u> or maybe I'm not seeing the whole picture?

ジョージ・グリーンはまったく結果を出せていないと思うのですが、私は間違っていますか？ それとも、私が全体像を把握しきれていないのでしょうか？

☐ I'd like to ask you about something.

<u>I'd like to ask you about something.</u> What do you think about George Green?

ちょっと聞きたいのですが、ジョージ・グリーンのことをどう思いますか？

☐ Off the record, what do you think about...?

<u>Off the record, what do you think about</u> George Green? Do you think he's doing what he said he would do?

ここだけの話ですが、ジョージ・グリーンのことをどう思いますか？ 彼は最初に約束したとおりの仕事ができているでしょうか？

→いわゆる「オフレコ」。

10. 資料を参照してもらう

▶ グラフを参照してもらう

☐ I'd like you to look at...

<u>I'd like you to look at</u> the graph on page 5. This shows how sales have fluctuated over the past six months.

5ページのグラフをご覧ください。これは、過去6カ月間の売上げの変動を示したものです。

☐ I've prepared a graph on...

<u>I've prepared a graph on</u> page 5 showing sales trends since April of this year. From this graph we can see that sales are slowly dropping.

今年の4月以降の売上げ変動を示すグラフを5ページに用意してあります。このグラフから、売上げが徐々に落ちていることが読み取れます。

▶ 資料の指定したページを見てもらう

☐ Could you look at page X?

<u>Could you look</u> now <u>at page 5</u> of the handout? This is a graph of sales trends starting from April.

今度は資料の5ページをご覧ください。4月以降の売上げの変動を示したグラフです。

第4章◆会議の基本的進行①──議題の提示

☐ I'd like to ask you to go to page...

Now, let's look at the table that shows the sales trends of our competitors. I'd like to ask you to go to page 5 of the handouts.

さて次に、競合他社の売上げ変動を示した表を見てみましょう。資料の5ページへとお進みください。

☐ If you look on...

If you look on page 5 of the handout, you can see the trend in sales for the last six months.

資料の5ページをご覧になれば、過去6カ月間の売上げ変動を知ることができます。

▶ 画面などを見てもらう

☐ The next sheet is...

The next sheet is a graph showing sales for the last six months. As you can see, sales have been rising steadily.

次に、過去6カ月間の売上げを示したグラフです。ご覧のとおり、売上げは順調に伸びています。

→プレゼンテーション用ソフトをプロジェクターで見せる場合も sheet と表現する。

11. 将来の展望を述べる

▶ 展望が良い

☐ ...seems to be going well.

The project <u>seems to be going well.</u> I think we can expect some good results.

プロジェクトは順調に進んでいるようです。良い結果が期待できると思います。

▶ 展望が悪い

☐ I'm starting to have some doubts about...

<u>I'm starting to have some doubts about</u> this project. I think we're going to be disappointed with the results.

このプロジェクトには、少し疑問を感じ始めています。不満の残る結果となりそうです。

▶ 展望が見通せない

☐ I'm afraid I don't know what's going to happen with...

<u>I'm afraid I don't know what's going to happen with</u> this project. It's too early to evaluate it.

このプロジェクトが将来どうなるかはわかりません。評価を下すのは時期尚早です。

第4章◆会議の基本的進行①――議題の提示

▶ 将来の展望について考えてみることを提案する

☐ Let's think about what's going to happen...

<u>Let's think about what's going to happen</u> if this project doesn't go well. Do we have a plan B?

このプロジェクトがうまくいかなかったらどうなるか考えてみませんか。代案はありますか？

→ plan B「第2の案」「代案」

▶ その他の表現

☐ I can already tell that...

<u>I can already tell that</u> this plan is not going to work. I think we need to take action right now to limit the cost.

この計画がうまくいかないことはもうわかっています。今すぐ手を打って、コストを抑える必要があります。

→ I can already tell that this plan is going to be a big success.のように見通しが明るい場合にも使える。

☐ I'm not a fortuneteller, but I think...

<u>I'm not a fortuneteller, but I think</u> our forecast is going to be right. We still have a lot of work to do, but I'm optimistic.

私は占い師ではありませんが、我々の予想は正しいと思います。やるべきことはまだたくさんありますが、私は楽観視しています。

→少しユーモラスな表現。

Column4 会議の心構え PART 1

会議で日本人がついつい犯してしまいがちな「間違い」について、私（セイン）が思うことをいくつかまとめてみました。参考にしてみてください。

◆フォーマルすぎるのは良くない

ノーベル賞受賞スピーチなど本当の意味でフォーマルな場ならともかく、一般的な会議では「友達に話す」のと同じスタイルでまったく問題ありません。フォーマルすぎると、相手に「よそよそしい」と思われてしまいます。社内会議（in-house meeting）の場合は、特に気をつけましょう。

◆紙に書いてあることをそのまま読まない

配付資料に書いてあることをそのまま音読しても何の意味もありません。相手にそのまま目を通してもらったほうがマシです。なるべく紙を見ないで、参加者（attendees）の表情を見ながら発言するようにしましょう。相手がこちらの意見に対してどう思っているのかを、表情から読み取るようにしましょう。

◆視覚資料を十分に活用する

相手が目で見てすぐに理解できる視覚資料（visual aids）を活用しましょう。文字ばかりの資料を使うのはよくありません。「1枚の写真は千語の価値がある（A picture is worth a thousand words.）」という格言もあります。また、グラフやチャートなどを使う際には、なるべくわかりやすく色分けしたほうがよいでしょう。

第5章
会議の基本的進行②
意見交換
Exchanging Opinions

- ▶会議の核となるのが、この「意見交換」です。活発な意見交換が行われなければ、会議を行う意味は半減してしまいます。
- ▶「建設的」な対立意見を出し合って、質問を交わし、最終的な妥協点を見出していきます。devil's advocate「わざと反対の立場をとる人」を設定する場合もあります。

1. 質問する

▶ 質問してもよいか確認する

☐ I've got to ask...

<u>I've got to ask,</u> is the situation getting better or worse?

おたずねしたいのですが、状況は良くなっているのですか、それとも悪くなっているのですか?

☐ Just a quick question.

<u>Just a quick question.</u> Will the problem get better or worse in the next six months?

ちょっとお聞きします。これから6カ月の間に、その問題は改善されますか、それとも悪化しますか?

→「手短にお聞きします」の場合は、Just a short question.と言うこともある。

☐ I really need to ask you something.

<u>I really need to ask you something.</u> Six months from now, is the situation going to be better or worse?

どうしてもお聞きしたいことがあります。今から6カ月後、状況は良くなっていますか、それとも悪くなっていますか?

第5章◆会議の基本的進行②――意見交換

▶ 複数の質問をする

☐ I'd like to ask you a two-part question. First,... And second,...

I'd like to ask you a two-part question. First, how long have you known about the problem? And second, what's being done about the problem now?

2つ質問をしたいと思います。まず、どのくらい前からこの問題を認識していましたか？ そして、この問題に対して、現在どんな対策がとられていますか？

→ two-part「2つで1組の」

☐ Here're a couple of questions for you.

Here're a couple of questions for you. When did you become aware of this problem? And what's being done to fix it now?

いくつか質問があります。この問題に気づいたのはいつですか？ そして、現在、それを修正するためにどんなことがなされていますか？

▶ 具体的な情報を求める

☐ Could you give me some more specific information about...?

Could you give me some more specific information about what caused the problem?

問題を引き起こした要因について、もっと具体的な情報をいただけませんか？

2. 確認する

▶ 相手の意図を確認する

☐ So you think that...?

<u>So you think that</u> delaying the launch will give you more time to launch an effective ad campaign<u>?</u>

つまりあなたは、開始するのを遅らせれば、効果的な広告キャンペーンをするための時間ができると考えているのですか？

→launch「立ち上げ」「着手」「開始」

☐ So you're telling me that...?

<u>So you're telling me that</u> you want two extra months for the pre-launch ad campaign<u>?</u>

つまり、広告キャンペーンを試験的に実施するために2カ月の猶予がほしいとおっしゃりたいのですか？

▶ 自分の理解が正しいか確認する

☐ Let me make sure I have this right.

<u>Let me make sure I have this right.</u> The consultant recommends putting off the launch by two months, and you agree with him?

私の理解が正しいかどうか確認させてください。コンサルタントが立ち上げを2カ月遅らせることを勧めていて、あなたもその意見に賛成しているということですか？

第 5 章◆会議の基本的進行②──意見交換

☐ I want to make sure I understand you.

I want to make sure I understand you. You and the consultant want to delay the launch by two months.

あなたのおっしゃっていることをきちんと理解したいのですが、あなたとコンサルタントは立ち上げを 2 カ月遅らせたいと思っているということですか？

☐ Is my understanding correct that...?

Is my understanding correct that you and the consultant think the best strategy is to delay the launch?

あなたとコンサルタントは立ち上げを遅らせるのが最良の戦略だと考えている、という理解でよろしいでしょうか？

▶ 本当かどうか確認する

☐ Are you sure that...?

Are you sure that putting off the launch is the best thing?

着手するのを延期するのが、最良の選択だと本当に思っているのですか？

☐ Do you really think that...?

Do you really think that you could do a better job?

あなたのほうが良い仕事ができると、本当にそう思っているのですか？

3. 換言する

▶ 相手の発言を言い換える

☐ Let me put it this way,...

<u>Let me put it this way,</u> if we delay this decision by one more day, then it won't matter anyway.

つまりこういうことですか？ この決定を1日先延ばしすると、まったく意味がなくなってしまうと。

☐ In simple terms,...

<u>In simple terms,</u> delaying this decision will mean certain failure.

わかりやすく言えば、決定を遅らせると確実に失敗するということですか？

▶ 言い換えをお願いする

☐ Could you paraphrase that for me?

That went over my head. <u>Could you paraphrase that for me?</u>

私にはわかりませんでした。別の言葉で言い換えてもらえませんか？

→ over one's head「理解できない」

☐ Could you give us a short summary of...?

So there's no misunderstanding, <u>could you give</u>

us a short summary of what you just said?

誤解が生じないように、たった今の発言の要点を短くまとめていただけませんか？

☐ Could you summarize that for me?

Could you summarize that for me? I'm not sure I understood everything.

今おっしゃったことを要約してもらえませんか？ 全部理解できたかどうか自信がありませんので。

▶ 言い換えることを申し出る

☐ I can paraphrase that for you.

If you'd like, I can paraphrase that for you.

よろしければ、言い換えてみましょうか。

▶ 別の観点を示す

☐ Let's think about it this way.

Let's think about it this way. If we can sign the contract with the manufacturer, it'll be easier for them to make investments to improve their quality.

こういうふうに考えてみてはどうでしょう。製造業者と契約を結べば、彼らが品質を高めるための投資をしやすくなると。

4. 説明を求める

▶ 説明してもらう

☐ Could you explain...?

There's something I don't quite understand. <u>Could you explain</u> how you're going to increase customer satisfaction<u>?</u>

よくわからないことがあります。どうやって顧客満足度を高めるのですか？

☐ Why is that?

Is this policy really going to make our clients more satisfied? <u>Why is that?</u>

このやり方で、本当に顧客がより満足するようになるのですか？ どうしてそう言えるのですか？

▶ 詳しい説明を求める

☐ I'd like to ask for a more detailed explanation about...

<u>I'd like to ask for a more detailed explanation about</u> the reason for this new policy.

この新しい方針に関して、もっと詳しく説明していただきたいのですが。

☐ Could you explain that a little further?

You mentioned that the policy needs to be im-

第 5 章◆会議の基本的進行②——意見交換

plemented now. <u>Could you explain that a little further?</u>

その方針は今すぐ実行に移すべきだとおっしゃいましたが、もう少し説明してもらえますか？

▶ わかりやすい説明を求める

☐ **Could you spell it out for me?**

I don't know why we need this new policy. <u>Could you spell it out for me?</u>

このような新しい方針が必要な理由が理解できません。わかりやすく説明していただけますか？

→ spell out「誤解のないように詳しく説明する」

▶ 簡潔な説明を求める

☐ **Could you give me a brief explanation of...?**

<u>Could you give me a brief explanation of</u> why this policy is so urgent?

なぜこの方針の実行が急を要するのか、簡潔に説明してもらえませんか？

☐ **Just a quick answer will do.**

<u>Just a quick answer will do.</u> Why the urgency?

簡潔にお答えいただければ結構です。なぜ緊急に行うのですか？

→ ...will do「…で間に合う」「…で結構だ」

5. 問題点を指摘する

▶ 問題点を示す

☐ I can see a problem with...

<u>I can see a problem with</u> holding the seminar on June 19. Most of our technical staff will be at a conference in Michigan then.

6月19日にセミナーを開催するのは問題がありますね。うちの技術スタッフの大半は、そのときミシガンの会議に行っていますから。

▶ 複数の問題点を示す

☐ We need to think about a couple of things.

<u>We need to think about a couple of things.</u> We only have three weeks to prepare, and George has to be in Michigan on that day.

考えなければならない点がいくつかあります。まず3週間しか準備期間がないということ、そしてジョージは当日ミシガンで用事があるということです。

▶ 重大な問題点を示す

☐ I need to point out a serious problem.

<u>I need to point out a serious problem.</u> George will be away at a conference on June 19, so he

第 5 章◆会議の基本的進行②──意見交換

wouldn't be able to come to the seminar.

重大な問題があります。6月19日には、ジョージは会議に出席するため不在なのです。ですから、彼はセミナーに参加することはできません。

☐ There's a big problem with...

There's a big problem with the 19th. George has another appointment on that day, so he won't be able to give the presentation.

19日では大きな問題があります。ジョージは当日別の用事があるため、プレゼンを行うことができないのです。

▶ その他の表現

☐ Forgive me for saying this, but...

Forgive me for saying this, but that doesn't seem plausible. George can't go to both the conference in Michigan and the seminar.

こんなふうに言ってしまってすみませんが、それは現実的でありません。ジョージが、ミシガンの会議とセミナーの両方に出ることは無理なのですから。

☐ Did you forget...?

What are you thinking? Did you forget the Michigan conference in June?

何を考えているんですか？ 6月にはミシガンで会議があることを忘れたのですか？

→少しきつい言い方。

6. 質問に答える

▶ 自信がある

☐ I can say with confidence that...

<u>I can say with confidence that</u> the part was remodeled to make it lighter and easier to install.

より軽く、そして取り付けやすくするために、パーツがモデルチェンジされたのだと確信を持って言えます。

☐ And that's a fact.

The part was redesigned to make it lighter and easier to install. <u>And that's a fact.</u>

パーツはより軽く、そして取り付けやすくするためにデザインが変更されました。これは事実です。

→「間違いない」というニュアンス。

▶ 自信がない

☐ I'm not sure why, but I think...

<u>I'm not sure why, but I think</u> the part was redesigned to make it lighter and easier to install.

確信はしていませんが、そのパーツはより軽く、そして取り付けがより簡単になるようにデザインが変更されたのだと思います。

第5章◆会議の基本的進行②──意見交換

☐ I don't know, but I guess...

<u>I don't know, but I guess</u> the changes were made to make the part lighter and easier to install.

わかりませんが、パーツを軽くして、取り付けをより簡単にするために変更されたのだと思います。

→ I guess を..., I guess.と文末においてもよい。

▶ あまり言いたくない

☐ I don't want to tell you this, but...

<u>I don't want to tell you this, but</u> the part was redesigned for weight and ergonomic reasons.

あまり申し上げたくないのですが、重さの問題、それに人間工学的な問題から、パーツのデザインが変更されたのです。

→ I say this with some hesitation, but...という言い方でもOK。ergonomic「人間工学の」

▶ 概略のみ述べる

☐ Without going into detail,...

<u>Without going into detail,</u> the part had to be changed because it was too heavy and too hard to install.

細かいところは省きますが、あまりにも重く、そして取り付けがむずかしかったために、パーツを変更せざるを得なかったのです。

7. 相手の意見に賛成する

▶ 完全に賛成する

☐ I agree with you 100 percent on that.

I agree with you 100 percent on that. We can cut costs in half easily without hurting quality.

あなたの意見に100％賛成です。品質を落とさずに、コストを半分に削減できるのです。

☐ I couldn't agree with you more.

I couldn't agree with you more. Our costs are twice as high as they should be.

大賛成です。当社は、本来の2倍のコストを費やしているのです。

→「これ以上ないくらい賛成だ」ということから、「大賛成だ」「まったく賛成だ」という意味になる。

☐ You got that right.

You got that right. Half of our expenses aren't necessary.

そのとおり。費用のうち、半分は不必要です。

→ややカジュアルな表現。

▶ 納得したことを示す

☐ You've convinced me that...

Well, you've convinced me that costs can be cut

第5章◆会議の基本的進行②──意見交換

in half without any side effects.

なるほど、納得です。他に影響を及ぼさずにコストを半減できるのですね。

☐ Oh, I see. So that's how...

<u>Oh, I see. So that's how</u> we can cut costs in half.

なるほど、わかりました。そうすれば、コストを半分にすることができるのですね。

▶ 賞賛する

☐ That's an interesting perspective.

Now <u>that's an interesting perspective.</u> I didn't realize that there was so much waste.

それは面白い考え方ですね。これほど無駄が多いとは気づきませんでした。

☐ That's an interesting viewpoint.

<u>That's an interesting viewpoint.</u> I'm beginning to see how we can reduce our costs by at least 50 percent.

そういう見方もあるんですね。最低でも50％コストを削減できるということがわかってきました。

→ opinionにはネガティブなニュアンスが含まれることがあるので、このようにviewpointやperspectiveなどを使ったほうがよい。

8. 相手の意見に反対する

▶ 理解できない

☐ I'm afraid I just don't understand...

I'm afraid I just don't understand how changing the logo is going to help the company in the short or the long-term.

ロゴの変更が、短期的にも長期的にも会社の役に立つという理由が理解できないのですが。

☐ I'm having a hard time understanding...

I'm having a hard time understanding how changing the logo is going to help.

ロゴの変更が何の役に立つのか理解に苦しみます。

▶ まったく賛成できない

☐ If you want my honest opinion,...

If you want my honest opinion, I don't think a new logo will increase sales.

正直に言いますが、新しいロゴで売上げが伸びるということはありえないと思います。

☐ No way!

No way! How is a new logo going to help?

とんでもない。ロゴの変更が何の役に立つのですか？

第5章◆会議の基本的進行②──意見交換

☐ Let's not even talk about it.

<u>Let's not even talk about it.</u> We don't have the time or the money to redesign the logo.

話し合う必要すらないですね。ロゴのデザインを変えるための、時間もお金もありませんから。

▶ 無理だということを述べる

☐ Sorry, it's impossible.

<u>Sorry, it's impossible.</u> We can't afford to redesign the homepage again and throw away 50,000 pamphlets.

すみませんが、無理です。ホームページのデザインを再変更して、5万枚のパンフレットを捨てる余裕はとてもありません。

☐ It doesn't seem possible

<u>It doesn't seem possible</u> right now. We just re-designed the homepage and printed 50,000 pamphlets.

今、それを行うのは不可能に思われます。ホームページのデザインを変えて、5万枚のパンフレットを刷ったばかりなのですから。

☐ That's going to be difficult.

I can see the advantages of redesigning the logo, but <u>that's going to be difficult</u> right now.

ロゴのデザイン変更の利点もわかりますが、今すぐそうするのはむずかしいですね。

9. 相手の意見に部分的に賛成する

▶ 大筋では正しい意見であることを述べる

☐ **Yes, there are some imperfections, but...**

<u>Yes, there are some imperfections, but</u> the report is basically correct and very informative.

いくつか不完全なところはありますが、今の報告は基本的に正確で、非常に参考になります。

→冒頭のYesは「返事」ではなく、「確かに」「なるほど」というニュアンス。

☐ **Despite the problems,...**

<u>Despite the problems,</u> I think the report is going to help us deal with some issues we've been ignoring.

問題はあるものの、この報告は、これまで無視してきた事柄に取り組む際に役に立つと思います。

▶ 完全に賛成なわけではない

☐ **I partially agree with..., but...**

<u>I partially agree with</u> the report from the consultant, <u>but</u> I think he's made a few serious errors.

コンサルタントからの報告書には部分的には同意できますが、いくつか深刻な誤りがあると思います。

第5章◆会議の基本的進行②——意見交換

☐ The report isn't completely wrong, but...

<u>The report isn't completely wrong, but</u> a lot of it is.

この報告書は完全に間違いというわけではありませんが、大半が間違いです。

☐ I don't agree with everything.

I agree with parts of the consultant's report, but <u>I don't agree with everything.</u>

コンサルタントの報告書にはうなずける部分もありますが、すべてに賛成というわけではありません。

→ not...everythingで「部分否定」になる。

☐ I'll admit that...

<u>I'll admit that</u> some things in the report were insightful, but I don't think he understands the entire situation.

いくつか鋭い洞察が見られることは認めますが、彼は状況を完全には把握していないように思われます。

▶ 修正が必要だが、おおむね賛成する

☐ I agree, but we do need to make some corrections...

<u>I agree, but we do need to make some corrections</u> in the report before we show it to the board of directors.

賛成ですが、取締役会に見せる前に、報告書にいくつか修正を加えなければならないと思います。

10. 相手の意見に部分的に反対する

▶ 賛成できない点を指摘する

☐ **I agree with everything you said except for...**

I agree with everything you said except for one thing. The planning department didn't ignore the new R&D policy——they weren't told about it.

あなたのおっしゃったことに全面的に賛成ですが、ただ1点だけ反対です。企画部は社の新しい研究開発方針を無視したのではありません。話を聞かされていなかったのです。

☐ **You're right on everything, with one exception.**

You're right on everything, with one exception. No one in the planning department was informed of the new R&D policy.

あなたのおっしゃったことはすべて正しいですが、1つだけ例外があります。企画部の人間は、だれ1人として会社の新しい研究開発方針について知らされていなかったのです。

▶ 1点だけ反対する

☐ **I agree, but I'd just like to make one point.**

I agree, but I'd just like to make one point. The

planning department was never informed of the new R&D policy.

賛成ですが、1点だけ言わせてください。企画部は、会社の新しい研究開発方針について何1つ知らされていなかったのです。

☐ Everything you said is true, but...

<u>Everything you said is true, but</u> let me point out just one thing. No one told the planning department about the new R&D policy.

あなたのおっしゃったことはすべて本当ですが、1つだけ言わせてください。企画部に対して、新しい研究開発方針のことをだれも伝えていなかったのです。

▶ 反対しながらも折れる

☐ ..., though I don't fully agree.

Okay, I'll modify the report, <u>though I don't fully agree.</u>

わかりました、報告書は修正しましょう。完全に賛成というわけではありませんが。

☐ I have some reservations, but...

<u>I have some reservations, but</u> I guess it won't hurt to modify the final report.

条件付きではありますが、最終報告書を修正しても構わないでしょう。

→ with reservations「条件付きで」「躊躇しながらも」

11. 相手の意見に同調する

▶ ちょうど言おうと思っていた

☐ I was just about to say that myself.

I was just about to say that myself. The price we're paying for packaging is far too high.

ちょうど私もそう言おうと思っていたところです。梱包のコストが高すぎるのです。

☐ You took the words right out of my mouth.

You took the words right out of my mouth. Our packaging costs are too high.

まさに言おうとしていたところでした。会社の梱包費用は高すぎます。

→「口から出ようとしていた言葉をあなたが取った」が直訳。

▶ 右に同じ

☐ Dittos to that.

Dittos to that. How do you suggest we cut our packaging costs?

右に同じです。どうやって梱包にかかるコストを削減したらよいのでしょうか。

→ ditto「同上」「同じこと」

第5章◆会議の基本的進行②——意見交換

▶ そのとおり

☐ Yes, it is true that...

<u>Yes, it is true that</u> our packaging costs are far too high.

そのとおり。確かに、会社が梱包に費やしているコストは高すぎます。

☐ Yes, I know...

<u>Yes, I know</u> our packaging costs could probably be cut in half.

そのとおりです。会社の梱包コストはおそらく半分に減らすことができます。

☐ I think you have it right.

<u>I think you have it right.</u> Packaging costs could be reduced significantly.

正しいと思います。梱包費用は、大幅に削減することが可能です。

☐ You're right about that.

<u>You're right about that.</u> We do need to cut packaging costs.

そのとおりです。梱包費用をカットする必要があるのです。

12. 相手の意見に疑問を示す

▶ 疑問を提示する

☐ I can't say I fully agree...

I can't say I fully agree with you about the budget. This is not the right time to cut advertising.

予算については完全に同意しかねます。今は広告費用を削るべきではありません。

☐ I can't help but think...

I'm sorry, but I can't help but think cutting the advertisement budget is a mistake.

失礼ですが、広告予算をカットするのは間違いであるように思われてなりません。

▶ 非現実的であることを指摘する

☐ It is simply unrealistic.

Are you sure that the best thing to do now is to cut the budget? It is simply unrealistic.

予算をカットすることが、現状の最善策だと本当にお考えですか? かなり非現実的です。

▶ 最善策ではないと指摘する

☐ It may not be the best thing to...

第5章◆会議の基本的進行②——意見交換

I'd like to point out one thing. <u>It may not be the best thing to</u> cut the advertising budget now.

1つ言わせてください。今、広告の予算をカットするのは、最善の策ではないかもしれません。

▶ 難色を示す

☐ It seems to me that it's going to be difficult to...

<u>It seems to me that it's going to be difficult to</u> cut the budget. We already have contracts.

予算をカットするのはむずかしいように思われます。すでに契約を済ませてしまっているのですから。

☐ I don't think we can...

<u>I don't think we can</u> cut the budget for advertisement. We've already launched the campaign.

広告予算を今カットすることはできないと思います。すでにキャンペーンを始めてしまっているのですから。

▶ 相手の不注意を指摘する

☐ I don't think you've looked at this issue closely enough.

<u>I don't think you've looked at this issue closely enough.</u>

この問題は十分綿密に検討されていないのではないでしょうか。

13. 相手の意見を批判する

▶ 厳しく批判する

☐ ...doesn't make any sense at all.

This report doesn't make any sense at all. It's so unorganized and vague that I can't tell what you're trying to say, and there's no conclusion.

この報告書はまったく筋が通っていません。構成がめちゃくちゃで内容が曖昧であり、何を言おうとしているのかわかりません。また、結論も出ていません。

→かなり厳しい言い方。

▶ 期待外れである

☐ ...isn't what I expected.

This report isn't what I expected. I can't follow your logic and there's no conclusion.

この報告書は期待外れですね。論旨が通っていないし、結論も出ていません。

☐ It's not really the best...

It's not really the best report I've ever read. The logic is kind of hard to follow and I couldn't find the solution anywhere.

これまで読んだ報告書の中で、最良のものとは言いがたいですね。論旨がわかりにくいですし、解決策も示されていません。

第5章◆会議の基本的進行②──意見交換

▶ 建設的に批判する

☐ I think you could...

I think you could improve this report if you worked on improving the organization and also included a clear conclusion.

構成を改め、はっきりとした結論を出すようにすれば、この報告書はもっと良くなると思いますよ。

☐ I think I know how you could...

I think I know how you could reorganize your report a little. You could move this section to the back end. What about adding a clear conclusion to the end?

この報告書は、こんなふうに再構成してみてはどうでしょうか？ このセクションは後ろのほうに回しましょう。最後に明確な結論を付加してはいかがですか？

▶ 何かが欠けている

☐ Some points are missing.

I can't help but think some points are missing in your report.

あなたの報告書には、何かが欠けているように思われてなりません。

14. 批判に応じる

▶ 批判を受け入れる

☐ Thanks for your suggestion.

Thanks for your suggestion. I think it'll make the report a lot better.

ご提案ありがとうございます。これで私の報告書はずっと良くなると思います。

☐ Thanks for making it clear.

I knew something was wrong with my report, I just didn't know what. So thanks for making it clear.

私の報告書には何かおかしいところがあるとは思っていましたが、それが何かはわかりませんでした。おかげですっきりしました。

☐ Your suggestions made a lot of sense to me.

Your suggestions made a lot of sense to me. I'll make the changes right away.

あなたの提案は、私にとって大変意義深いものでした。すぐに変更を加えるつもりです。

☐ I appreciate constructive criticism.

I appreciate constructive criticism. I guess I couldn't see the forest for the trees.

建設的なご意見をありがとうございます。私は細部にこ

第5章◆会議の基本的進行②——意見交換

だわるあまり、全体像をつかめていなかったようです。

→I couldn't see the forest for the trees.は「木を見て森を見ず」ということ。

▶ 批判に抗議する

☐ With all due respect,...

<u>With all due respect,</u> I think what I've just said makes sense, and the conclusion is obvious.

失礼ながら、私が今申し上げたことは意義深いものです。明確な結論も出ています。

→本来「失礼は重々承知ですが」という丁寧な表現だが、実際には社交辞令的な前置きで、きついことを言う際に用いられる。

☐ I'll consider your comments, but...

<u>I'll consider your comments, but</u> I'm convinced that I didn't say anything wrong.

コメントは参考にさせていただきますが、私はなんら間違ったことは言っていないつもりです。

▶ 批判を受け入れない

☐ Thanks for the advice, but...

<u>Thanks for the advice, but</u> I think I'll keep it the way it is.

アドバイスをありがとうございます。しかし、変更するつもりはありません。

15. 仮定する

▶ 仮定的な話をする

☐ If we...

<u>If we</u> rented a meeting room within a few minutes of here, we might not need to move right now.

ここから数分のところに会議室を借りれば、今すぐ引っ越す必要はなくなります。

☐ If we were to...

<u>If we were to</u> rent a room in another building, maybe we wouldn't need to move for a year.

別のビルの部屋を借りるとしたら、あと1年は引っ越さなくて済むかもしれません。

▶ 仮定的な考えを示す

☐ What would happen if...? That way...

<u>What would happen if</u> we rented a room for meetings in another building in this area? <u>That way</u> we could delay moving to a bigger office for at least a year.

近所の別のビルに、会議のための部屋を借りるというのはいかがでしょうか？ そうすれば、少なくともあと1年は、大きなオフィスへの引っ越しを延期できるでしょう。

□ What if...? Then...

What if we just rented another room in the neighborhood? Then we could put off the move for a year.

近所に別の部屋を借りたらどうでしょうか？ そうすれば、1年は引っ越しを延ばせます。

→What if...?はWhat would it be like...?やWhat would happen if...?を省略した形。

□ Suppose we... Then...

Suppose we rented a meeting room near here. Then we could wait until next year to move.

近所に会議室を借りたとします。そうすれば、来年まで引っ越しを延期できますよ。

→Suppose...はIf...と同様、仮定条件を示す際に用いる。

▶ 仮定的な話について意見を求める

□ What would you think if...?

What would you think if we rented a small office space near here and delayed our move a year?

小さなオフィススペースを近所に借りて、引っ越しを1年遅らせるというのはどうでしょうか？

16. 可能性を示す

▶ 可能性の高さを示す

☐ I think there's a strong possibility that...

I think there's a strong possibility that the economy will weaken next year, so I don't know if now's a great time to make a big investment in a new factory.

来年経済が弱体化する可能性は高いと思います。ですから、今が新工場に投資するのにふさわしい時期であるかどうかわかりません。

☐ There's a good chance that...

There's a good chance that the economy will weaken next year. Is now the best time to make a big investment?

来年、経済が弱体化する可能性は十分あります。今は大規模な投資をするのにふさわしい時期でしょうか？

☐ I'm almost certain that...

I'm almost certain that the economy is going to decline next year. Why don't we put off such a big investment and see what happens?

来年経済が下降することを私はほぼ確信しています。そのような大規模な投資を行うのは先送りして、事態を見守ることにしませんか？

☐ You can count on...

You can count on a recession next year. If the economy weakens, investing in a new factory would be a mistake.

来年には間違いなく景気の後退が起こるでしょう。経済が弱体化すれば、新工場への投資は誤った選択だったということになってしまいます。

▶ 可能性の低さを示す

☐ There's a slight chance that...

There's a slight chance that interest rates will rise soon. Maybe we should apply for a fixed-rate loan.

金利がすぐに上昇する可能性は低いでしょう。固定金利型の貸付を申し込むべきなのかもしれません。

→ a slight chance の代わりに a small possibility を使ってもよい。

▶ その他の表現

☐ Just in case...

Just in case interest rates rise, let's get the fixed-rate loan.

万一金利が上昇するといけないので、固定金利型のローンにしましょう。

17. 中立的な立場であることを述べる

▶ コメントを避ける

☐ **I'd rather not say anything right now.**

Well, I'd rather not say anything right now. It might cause problems.

今は何も言わないことにします。問題になるといけませんので。

☐ **I'd prefer to hold my comments until later.**

I'd prefer to hold my comments until later.

コメントは後ほどまで控えさせていただきたいと思います。

☐ **I'm really not in a position to give my opinion.**

I'm really not in a position to give my opinion.

私は意見を言える立場ではありませんので。

▶ 立場を明らかにすることを避ける

☐ **I don't have a strong opinion about that.**

I don't have a strong opinion about that. What have the sales reps been saying about it?

それに関して、私には確固とした見解はありません。営業責任者は何か言っていましたか？

第5章◆会議の基本的進行②——意見交換

→rep は representative「代表者」「責任者」の省略形。

▶ 情報が不足していることを述べる

☐ I don't have enough information to form an opinion on...

I don't have enough information to form an opinion on the campaign. Do you have any feedback from the sales reps?

情報が不足しているので、そのキャンペーンに関して意見を述べることはできません。営業責任者から、何かフィードバックはありませんでしたか？

☐ I need more information to form an opinion.

I need more information to form an opinion. I'd rather have George evaluate the effectiveness of the campaign.

私が意見を言うためにはもっと情報が必要です。むしろジョージにキャンペーンの効果について評価してもらいたいと思うのですが。

☐ How can I form an opinion without any information!?

How can I form an opinion without any information!? Give me something to work with!

情報もなしに意見を言うことはできませんよ。何か検討材料をください。

111

Column5 会議の心構え PART 2

76ページに続いて、日本人によく見られる会議での「間違い」について、私（セイン）からアドバイスいたします。

◆"we"を効果的に使う

"we"の特殊な用法として「相手と自分の両方」を指すものがあります。例えば"your problem"の代わりに"our problem"とすると、「あなた方だけの問題ではありません。私たちも親身になって考えます」というニュアンスを出すことができます。

◆相手の話をちゃんと聞く

日本人は、相手の発言中に下を向いたり、そっぽを向いていることが多いようです。相手のほうを見て「話を聞いている」という意思表示をしましょう。

◆ボディーランゲージに注意

ボディーランゲージやアイコンタクトの使い方に気を配りましょう。ただ、必要以上に大げさなアクションなどを取る必要はありません。日本人としてのアイデンティティを保つことも忘れずに。

◆話の終わらせ方に工夫を

日本人の話は、いつも「しり切れトンボ」で終わっているように感じます。最後に、話の要約を呈示するようにしましょう。話し終わったからといって、ほっとして気を抜いてしまってはいけません。

第6章
会議の基本的進行③
意見をまとめる
Achieving Consensus

- ▶「意見交換」で意見を出し尽くした後で、なるべく全員の考え方をうまく取り入れられるよう、全体としての意見をまとめる段階に入ります。
- ▶代案や折衷案を出したり、あるいは説得を試みたり、熱意を示したりするなど、さまざまなテクニックを駆使しましょう。

1. 評価・分析する

▶ 一般的な分析

☐ **I analyzed..., and my conclusion is that...**

I analyzed this breakeven point, and my conclusion is that it's a little low. It's likely that interest rates will rise soon.

この損益分岐点について分析してみましたが、私の結論ではこれでは少し低いようです。金利はまもなく上昇する可能性があります。

▶ 評価・分析の必要性を述べる

☐ **Let's conduct a careful investigation of...**

Let's conduct a careful investigation of ABC's pricing strategy. That will give us a benchmark for setting our prices.

ABC社の価格戦略について、注意深く調査してみましょう。自社の価格を設定する際の目安になりますので。

☐ **Maybe we should more carefully evaluate...**

Before making a decision, maybe we should more carefully evaluate this strategy.

決定する前に、この戦略をもっと注意深く検討したほう

第6章◆会議の基本的進行③――意見をまとめる

がいいと思います。
→ We should...はやや押しつけがましい感じになるため、このようにmaybeを併用するとよい。

▶ メリットとデメリットの分析（プロコン分析）

☐ Let's weigh...and...

<u>Let's weigh</u> the advantages <u>and</u> disadvantages of changing the advertising slogan now instead of waiting until next year.

広告用のスローガンの変更を、来年まで待つのではなく、今行うことについて、有利な点と不利な点とを比較検討してみましょう。

☐ Let's look at the merits and demerits of...

<u>Let's look at the merits and demerits of</u> changing the advertising slogan now.

広告文句を今変更することのメリットとデメリットを見てみましょう。

☐ The merit(s)... The demerit(s)...

<u>The merits</u> of this strategy are lower costs and higher long-term profits. <u>The demerit</u> is a smaller market share.

この戦略のメリットは、コストが安いということと、長期にわたって利益を得ることができるということです。デメリットは、市場占有率が低くなってしまうということです。

2. 代案を示す

▶ 代案を提示する

☐ How about...?

How about writing to all the buyers and letting them know about the problem before they find out about it on their own?

購入者が欠陥を自ら発見してしまう前に、こちらから書面で連絡するというのはどうでしょうか？

☐ Maybe we could...

Maybe we could let all the buyers know about this problem instead of waiting for them to discover it themselves.

購入者が自分で気づくまで待つのではなく、すべての購入者にこの問題について知らせてもいいのではないでしょうか。

☐ One possibility is to...

One possibility is to inform the buyers about the problem before they have time to find out about it themselves.

購入者が自分で気づくよりも先に、こちらからその問題について知らせることもできるのではないでしょうか。

第6章◆会議の基本的進行③──意見をまとめる

▶ 相手の案を認めつつ代案を提示する

☐ I see what you mean, but...

<u>I see what you mean, but</u> I still think my strategy makes more sense.

おっしゃることはわかりますが、私の分析のほうがより理に適っていると思います。

☐ If the situation were different, ...

<u>If the situation were different</u>, your idea would work. But for this plan, I think my idea is better.

今のような状況でなければ、あなたの考えでもうまくいくでしょう。しかし、この計画に関しては、私の考えのほうが優れていると思います。

▶ より良い案を示す

☐ Maybe we should think about...

<u>Maybe we should think about</u> telling the buyers to expect the problem.

問題が起こりうるということを、購入者に伝えることを考えたほうがいいのではないでしょうか。

☐ It might be better to...

<u>It might be better to</u> inform the buyers about this problem right away.

この問題のことを、今すぐ購入者に知らせたほうがいいのではないでしょうか。

3. 妥協・譲歩する

▶ 妥協する構えを示す

☐ I'm willing to make some compromises...

<u>I'm willing to make some compromises</u> to make this work.

これを成功させるためなら、ある程度は妥協してもいいと思っています。

☐ I'm ready to compromise on...

I think you've made some good points, and so <u>I'm ready to compromise on</u> some issues.

あなたのおっしゃることにも一理ありますので、事によっては私も妥協するつもりです。

▶ 妥協できない点を示す

☐ I'm afraid I can't compromise with you on...

<u>I'm afraid I can't compromise with you on</u> shipping time. It's just not possible.

出荷時期に関してだけは妥協できません。絶対に不可能ですから。

第6章◆会議の基本的進行③──意見をまとめる

▶ 妥協点を見出す

☐ I'd like to suggest that we meet halfway on...

I'd like to suggest that we meet halfway on three issues: price, quality and shipping time.

価格、品質、それに出荷時期の3点に関して、お互いに妥協することを提案したいのですが。

☐ If you could compromise on..., I could...

If you could compromise on shipping time, I could compromise on price and quality.

出荷時期に関して妥協していただければ、価格と品質に関しては私が妥協しても構いません。

▶ 妥協の必要性を訴える

☐ It's not a one-or-the-other issue.

It's not a one-or-the-other issue. We can combine our plans to make a better one.

これは勝ち負けの問題ではありません。お互いの計画を組み合わせて、より良いものを作りましょう。

☐ Maybe we can meet halfway.

It's obvious that we're not going to agree, but maybe we can meet halfway.

どう見ても意見が一致しそうにありませんが、お互いに歩み寄ることはできるかもしれません。

4. 説得する

▶ 重要であることを述べる

☐ It's important that...

<u>It's important that</u> the client know that we're taking this project seriously.

我々が真剣にこのプロジェクトに取り組んでいることを顧客に知ってもらうことが大切なのです。

☐ I think we need to...

<u>I think we need to</u> stick with this policy. If we change now, we'll lose the trust of our clients.

この方針を遵守する必要があると思います。今方針を変えれば、顧客の信頼を失ってしまいます。

☐ The most important thing is...

<u>The most important thing is</u> the trust of our clients. If we change the policy now, we'll lose it.

顧客の信頼が最も大切です。今方針を変えれば、それを失ってしまうでしょう。

▶ 助力を求める

☐ We really need you to...

<u>We really need you to</u> work on this project. Otherwise, the client is going to think that we don't care.

第6章◆会議の基本的進行③──意見をまとめる

あなたにぜひともこのプロジェクトに取り組んでもらいたいのです。そうでなければ、我々が無責任であると顧客が思ってしまうでしょう。

▶ どうしても妥協できない

☐ I'm afraid we just can't compromise.

I'm afraid we just can't compromise. It would take away all our motivation.

申し訳ありませんが、どうしても妥協できません。もし妥協すれば、全員の意欲が失われてしまうでしょう。

▶ その他の表現

☐ Once we get the ball rolling, things will go smoother.

The first three months will be the most difficult part of this project, but once we get the ball rolling, things will go smoother.

このプロジェクトは、最初の3カ月間が最も大変でしょう。しかし、いったん軌道に乗れば、あとはスムーズに事が運ぶでしょう。

☐ The future of this project will depend on...

The future of this project will depend on the first three months.

このプロジェクトの将来は、最初の3カ月にかかっています。

5. 熱意を示す

▶ 思い入れがあることを示す

☐ This isn't a plan that I thought up yesterday.

This isn't a plan that I thought up yesterday. It's been carefully planned out for several months.

この計画は昨日思いついたものではありません。数カ月を費やして、じっくり練り上げたものです。

☐ We've carefully thought this plan out.

I know you have questions, but we've carefully thought this plan out over the last three months.

疑問はおありでしょうが、この3カ月の間に、我々が綿密に考え抜いた計画なのです。

▶ 会社にとって重要であると主張する

☐ ...is extremely important for...

This project is extremely important for our company, even if we have to lose money on it.

たとえ損をしてしまうことになったとしても、このプロジェクトは会社にとって非常に重要なのです。

☐ the future of the company

I'm not so worried about making a lot of money on this project. I'm more worried about the fu-

第6章◆会議の基本的進行③──意見をまとめる

ture of the company.
このプロジェクトによって利益を上げられるかどうかについては、あまり心配していません。それより、会社の将来のことを心配しているのです。

▶ 自信があることを訴える

☐ I'll stake my job on it.

September 27 will be no problem. I'll stake my job on it.

9月27日で問題ありません。自分の進退を賭ける所存です。

→ stake「賭ける」

☐ There's no doubt in my mind that...

There's no doubt in my mind that September 27 is possible. I don't see why you're so worried.

私の考えでは、9月27日に間に合うことに疑問の余地はありません。何を心配していらっしゃるのですか?

▶ リスクを認めつつ熱意を示す

☐ I know it's not risk-free, but...

I know it's not risk-free, but we don't have to compromise with the client on every point.

確かにリスクがないわけではありません。しかし、すべての点において顧客に譲歩する必要はないのです。

6. 納得する

▶ 完全に納得したことを示す

☐ **You've given us a very convincing argument for...**

You've given us a very convincing argument for withdrawing from this project. I'm convinced.

このプロジェクトを撤退させたほうがいいということについて、非常に納得のいく意見を述べてくださいましたね。

→このargumentは「議論」よりも「意見」と訳すのが適当。

☐ **You're very convincing.**

Now there's no doubt left in my mind that we should withdraw. You're very convincing.

我々が撤退すべきであるということに関して、私にはもう疑問の余地がなくなりました。十分納得できました。

▶ 素晴らしい意見であることを述べる

☐ **Thank you for your very concise and clear comments.**

Thank you for your very concise and clear comments. It's becoming clear that this is a good project.

簡潔で明瞭なコメントをありがとうございます。このプロジェクトが良いものであるということが、少しずつ見

第6章◆会議の基本的進行③——意見をまとめる

えてきました。

▶ しぶしぶ納得する

☐ As much as I hate to say it,...

As much as I hate to say it, I agree with you on that point.

残念ながら、その点に関してはあなたに賛成です。

☐ I would disagree with you if I could, but...

I would disagree with you if I could, but I don't think I can any longer.

反対できるならしたいところですが、もはや不可能だと思われます。

▶ 心の底から納得する

☐ beyond a shadow of a doubt

You've convinced me beyond a shadow of a doubt.

あなたのおかげで、一片の疑念もなく納得できました。

☐ I don't see any way to disagree...

I don't see any way to disagree with you on that.

その点に関して、あなたに反対のしようはありません。

7. 採決する

▶ 採決を提案する

☐ **Let's decide it by a vote.**

I don't think we're all ever going to agree, so let's decide it by a vote.

全員が同意はしないと思われますので、決を取りましょう。

☐ **Let's take a vote and go with the majority.**

Let's take a vote and go with the majority.

投票して、多数決にしましょう。

▶ 議論が出尽くしたことを述べる

☐ **We've said everything there is to say about this.**

We've said everything there is to say about this. Let's vote on it.

これについては、言うべきことはすべて出尽くしました。採決しましょう。

☐ **I think we've started to go around in circles.**

I think we've started to go around in circles, so it's time for a vote.

第 6 章◆会議の基本的進行③──意見をまとめる

議論が堂々巡りし始めているようです。そろそろ採決しましょう。

▶ 時間がないので採決する

□ **We don't have time to talk this out.**

We don't have time to talk this out, so let's just take a vote.

議論し尽くす時間がありませんので、採決に入りましょう。

→ talk out「徹底的に話し合う」

▶ 挙手によって採決する

□ **Who wants to...? Raise your hand.**

Who wants to cancel the seminar? Raise your hand. Who doesn't want to cancel the seminar? Raise your hand.

セミナーの中止に賛成の方は、手を挙げてください。中止に反対の方は、手を挙げてください。

▶ 無記名投票をする

□ **Let's take an anonymous vote.**

Let's take an anonymous vote. Put your vote on the piece of paper, fold it, and hand it to me.

無記名投票を行いましょう。この紙片に票を書き込んで、折り畳み、私に手渡してください。

Column6 ネガティブイメージを持つ単語

同じような意味を持つ単語で、「ネガティブイメージ」を持つものと、「ポジティブイメージ」を持つものがあります。積極的に自分の意見を通したいときには、ネガティブな単語は避ける必要があります。

◆ネガティブイメージ／ポジティブイメージ

「問題」problem / issue
　→issueは「問題」というよりも「論点」。

「失敗」failure / setback
　→failureは「失敗」ですが、setbackは「一時的な停滞」という意味合いになる。

「間違い」mistake / misunderstanding
　→We made a mistake.「弊社が間違いを犯しました」ではストレートすぎる場合に、There was a misunderstanding.「誤解がありました」と表現することがある。

「悪い」bad / disappointing
　→badと「決めつける」のではなく、disappointing「がっかりさせるような」と言ったほうが、ソフトな響きになる。

「愚かな」stupid / not so wise
　→stupidではあまりにストレートすぎる。

「修理する」repair / fix
　→fixの他にmaintainを使ってもよい。「壊れたので修理する」のではなく、「メンテナンスの一環である」というニュアンスが出せる。

「トラブル」trouble / difficulty
「事故」accident / happening

第7章
会議の基本的進行④
会議をまとめる
Closing the Meeting

▶「終わり良ければすべて良し」と言いますが、会議も、最後のまとめを首尾良く行うことが肝要です。

▶次回以降の会議へとスムーズにつないでいくためにも、アクションアイテムなどをきちんとまとめておきましょう。

1. 会議の内容を振り返る

▶ 議論したことをリストアップする

☐ Let me go over the items...

Let me go over the items that we discussed here today. We discussed reducing the budget. We decided to launch the campaign on January 20. And we agreed that George would oversee the new project.

今日ここで話し合った事柄を振り返ってみましょう。予算の削減について話し合いました。キャンペーンの開始日を1月20日に決定しました。そして、ジョージに新プロジェクトの責任者になってもらうということで合意しました。

→ oversee「監督する」(overlookは「見逃す」)

☐ I'd like to summarize today's meeting.

I'd like to summarize today's meeting. We discussed...

今日の会議の内容を要約してみたいと思います。我々が話し合ったのは……。

▶ 簡潔にまとめる

☐ Before we end, let's briefly go over what we covered.

Before we end, let's briefly go over what we covered. We discussed...

第7章◆会議の基本的進行④──会議をまとめる

最後に、今日話し合ったことを手短に振り返ってみましょう。我々が話し合ったのは……。

▶ 会議のまとめを依頼する

☐ I'd like to ask...to prepare the notes...

I'd' like to ask Hiroshi to prepare the notes and e-mail them to everyone within the next few days.

メモを準備し、数日中に全員にEメールで送ることを、宏にお願いしたいと思います。

▶ 後でメモを送る

☐ I'll make a brief summary of today's meeting.

I'll make a brief summary of today's meeting and get it to you later.

今日の内容を簡潔にまとめて、後でお送りします。

☐ Let me send you a few notes from today's meeting.

So that there's no misunderstanding, let me send you a few notes from today's meeting.

誤解があってはいけませんので、今日の会議の内容をいくつか書き留めて、後ほどお送りいたします。

2. アクションアイテムを整理する

▶ アクションアイテムの整理を提案する

☐ **Let's think about what we should do first.**

Let's think about what we should do first. What do you think?

まず最初に何をすべきか考えてみましょう。あなたはどう思われますか？

☐ **Why don't we make a list of...?**

Why don't we make a list of things that need to be done, and then prioritize the list?

やるべきことをリストアップして、それから項目の優先順位を決めませんか？

→ prioritize「優先順位をつける」

☐ **I think we need to make an action plan.**

Before we finish, I think we need to make an action plan. Any suggestions?

最後に、アクションプランを作っておく必要があると思います。何か提案はありませんか？

▶ アクションアイテムをリストアップする

☐ **Let me summarize the action list.**

第7章◆会議の基本的進行④——会議をまとめる

<u>Let me summarize the action list.</u> First, we need to conduct a market research, get feedback from buyers, and then launch the campaign.

アクションアイテムをリストアップしてみましょう。まず市場調査を行い、購入者からの意見を聞き、それからキャンペーンを開始します。

▶ 漏れがないか確認する

☐ **Let me make sure I have everything:**

<u>Let me make sure I have everything:</u> Get a space, send invitations and make an agenda.

リストに漏れがないか確認させてください。場所を確保して、招待状を送り、検討すべき議題をまとめるということでよろしいでしょうか。

▶ アクションアイテムの数を明示する

☐ **There are X main tasks.**

<u>There are three main tasks.</u> The first task is reserving the room. Then we need to send out invitations, and finally, we need to prepare the agenda.

やるべきことは主に3つあります。まず、部屋を予約します。それから招待状を送ります。そして最後に、議題をまとめておく必要があります。

3. 優先順位をつける

▶ 優先順位が高いことを述べる

☐ Let's put priority on...

Let's put priority on finding people to come to the seminar. Then we can decide what we need to do based on the number of participants.

セミナーに来てくれる人を探すことを最優先事項としましょう。それから、参加人数に基づいて、何をすべきか決めればいいのです。

☐ I think we need to...

I think we need to find participants before we do anything else.

何はさておき、まず参加者を見つける必要があると思います。

☐ It makes more sense to put priority on...

It makes more sense to put priority on getting participants. Then we can worry about the details later.

参加者の確保を優先したほうがいいと思います。詳細については、後で考えればいいのですから。

▶ 優先順位が低いことを述べる

☐ Reserving a room has low priority.

第7章◆会議の基本的進行④——会議をまとめる

<u>Reserving a room has low priority.</u> There's plenty of space.

部屋の確保は後回しですね。場所ならたくさんありますので。

☐ I don't think we need to worry so much about...

<u>I don't think we need to worry so much about</u> reserving a room. We have access to several rooms.

部屋の確保にはあまり気を遣わなくていいと思います。使える部屋が複数ありますので。

→so muchの代わりにtoo muchでもOK。

▶ 優先順位について全員で検討する

☐ I'd like to ask you to prioritize...

<u>I'd like to ask you to prioritize</u> this list of action items. We can't do everything at the same time.

アクションアイテムに優先順位をつけていただけますか。すべてを同時に行うことはできません。

☐ Let's prioritize and work from the top down.

We're not going to have time to get everything done, so <u>let's prioritize and work from the top down.</u>

すべての事項を完了させる時間はなさそうですので、優先順位を決めて、上から順番にやっていきましょう。

4. スケジュールを確認する

▶ スケジュールが遅れている

☐ **behind schedule**

I'm afraid that August's production is behind schedule. We'll have to increase production in September to get back on schedule.

8月の生産は、予定より遅れてしまっているようです。9月は生産を増やし、遅れを取り戻さなければならないでしょう。

☐ **We're running slow.**

We're running slow this month. Do you think we'll be able to make up for it in September?

今月はスケジュールが遅れています。9月にこの遅れを取り戻せるでしょうか？

▶ スケジュールが進んでいる

☐ **ahead of schedule**

The accounting department is ahead of schedule. Maybe they can give you some help.

経理部は予定より早く仕事が進んでいるようです。あなたの仕事を手伝ってもらえるかもしれません。

第7章◆会議の基本的進行④——会議をまとめる

▶ 各自のスケジュールを確認する

☐ I need to have everyone's schedule for...

I need to have everyone's schedule for the next couple of months, so I can coordinate this project.

これから数カ月間の各自のスケジュールを教えてください。プロジェクトの調整を行いますので。

☐ Please send me your schedules.

Please send me your schedules. I'll coordinate the project by the next meeting.

スケジュールを私に送ってください。次回の会議までにプロジェクトを調整しておきます。

▶ 自分のスケジュールを示す

☐ I'll be busy...

I'll be busy for the next few days, so I won't have time to finish this by Friday.

私はこれから数日間忙しくなりますので、金曜日までにこの仕事を終わらせる時間はありません。

☐ My schedule is...

My schedule is full until Friday. Do you want me to start on it then, or should I get some help?

金曜までスケジュールがいっぱいです。この仕事はそれから始めればいいですか? それともだれかに手伝ってもらったほうがいいでしょうか?

5. 次回の会議を調整する

▶ 次回の日程を提案する

☐ I'd like to suggest that...

I'd like to suggest that we have another meeting on November 10. That should give us enough time to read all these reports.

次の会議は11月10日に行うということでどうでしょうか。そうすれば、これらの報告書を全部読んでおくことができます。

☐ Why don't we...?

We're going to need at least two weeks to read all these reports, so why don't we have the next meeting on November 10?

これらの報告書をすべて読むには少なくとも2週間はかかりますので、次回の会議は11月10日にしませんか?

▶ 次回の議長を指名する

☐ I'd like to ask...to be in charge...

I'd like to ask John to be in charge of organizing the next meeting.

次回の会議ではジョンに仕切ってもらいたいと思うのですが。

第7章◆会議の基本的進行④——会議をまとめる

☐ Who would like to be in charge of the next meeting?

<u>Who would like to be in charge of the next meeting?</u> John, do you think you could do it?

だれか次回の会議の責任者になってもらえませんか？ ジョン、あなたがやってもらえませんか？

▶ Eメールで後で伝える

☐ I'll send you the details about...

<u>I'll send you the details about</u> the time and location of the next meeting by e-mail.

次回の会議の時間と場所についての詳細は、Eメールでお送りします。

☐ I'll notify you of the next meeting...

<u>I'll notify you of the next meeting</u> by e-mail.

次の会議についてはEメールでお知らせします。

▶ 次の会議の議題を伝える

☐ The main topic...will be...

<u>The main topic</u> at the August 10 meeting <u>will be</u> the annual budget. Everyone needs to be there.

8月10日の会議の主な議題は年間予算です。全員ご参加ください。

6. 会議を延長する

▶ 延長を申し出る

☐ We need to extend...

I hope you don't mind, but we need to extend this meeting by 30 minutes.

よろしければ、この会議はあと30分延長する必要があると思うのですが。

☐ Why don't we go for X minutes longer?

Why don't we go for 30 minutes longer? That'll give us time to reach a decision.

あと30分延長するというのはどうでしょう？ そうすれば、決定に至ることができると思います。

▶ 延長すべきかどうか問いかける

☐ Should we try to reach a conclusion in..., or...?

Should we try to reach a conclusion in 30 minutes or so, or just delay it until the next meeting?

あと30分ほど延長して結論を出すようにしますか？ それとも、次回の会議に持ち越しますか？

▶ 議論の延長を要求する

☐ We're out of time, but let's just...

第7章◆会議の基本的進行④――会議をまとめる

<u>We're out of time, but let's just</u> make a decision about the ad campaign for next year.

時間がもうありませんが、来年の広告キャンペーンについてだけは決定しておきましょう。

☐ I know we're supposed to finish..., but...

<u>I know we're supposed to finish</u> at 3:00, <u>but</u> we really need to make a decision about the ad campaign today.

3時に終わることになっているのは知っていますが、広告キャンペーンについて、どうしても今日決断を下さなければなりません。

▶ 延長を強く提案する

☐ Everyone's tired, but...

<u>Everyone's tired, but</u> we can't put off making a decision about an ad campaign any longer.

みなさんお疲れでしょうが、広告キャンペーンに関する決定をこれ以上先延ばしにはできません。

☐ We can't leave this room until...

<u>We can't leave this room until</u> we make a decision concerning this ad campaign. I don't care how late we have to stay.

この広告キャンペーンについて結論が出るまでは、この部屋を出ていくことはできませんよ。私は、どれだけ長引いても構いません。

7. 会議を切り上げる

▶ 時間がない

☐ I'm afraid we're running out of time.

I'm afraid we're running out of time. Are there any final comments?

もう時間がないようです。最後に何かコメントはありますか?

☐ There's not much time left.

There's not much time left. Are there any issues we haven't covered yet?

もうあまり時間がありません。まだ取り上げていない事項は何かありますか?

▶ 最終発言者を決める

☐ ..., and then we'll be finished.

Jane, could you make your comment, and then we'll be finished.

ジェーン、最後にコメントをお願いします。それで終わりにしましょう。

☐ There's only enough time for...

There's only enough time for Jane's comment.

最後にジェーンにコメントしてもらうくらいの時間しか残っていません。

第7章◆会議の基本的進行④──会議をまとめる

▶ 切り上げる

☐ I'm afraid we don't have time to...

I'm afraid we don't have time to talk about the guarantee problem. We'll hold that for the next meeting.

保証の問題について話し合う時間はもうありません。次回の会議へ先送りしましょう。

▶ やや強引に切り上げる

☐ Excuse me, but could you...?

Excuse me, but could you finish your comment at the next meeting? We don't have a minute more.

すみませんが、コメントの続きは次回の会議のときにお願いできませんか？ もう時間がありません。

☐ I hate to interrupt you, but...

I hate to interrupt you, but we're completely out of time. I'll give you the first opportunity to talk at the next meeting.

申し訳ありませんが、もう完全に時間切れです。次回の会議では、あなたから発言していただきますので。

→話をさえぎって終わらせるパターン。

8. 報告書を作成してもらう

▶ 報告書の作成を依頼する

☐ **I'd like to ask you to write up a report on...**

I'd like to ask you to write up a report on this problem and have it ready for the next meeting.

この問題に関して報告書をまとめて、次回の会議までに用意しておいてください。

☐ **Make sure you have a report on...**

Make sure you have a report on this ready by the next meeting. Can you do it ?

次回の会議までに、この件に関する報告書を必ず用意してください。いいですね？

→少しきつめの言い方。

☐ **Please make a list of your suggestions and...**

I need everyone's input concerning this problem. Please make a list of your suggestions and write up reports.

この問題に関しては、全員の意見が必要です。各自提案をまとめて、報告書を作成してください。

第7章◆会議の基本的進行④——会議をまとめる

▶ お願いする

☐ Could you do me a favor?

<u>Could you do me a favor?</u> Could you write up a report and have it ready for the next meeting?

お願いしてもいいですか? 報告書を書いて、次回の会議までに準備していただけないでしょうか?

→一般的な依頼に対して使える表現。頼む際の前置きとして用いる。

☐ Maybe I could ask you to do something for me.

<u>Maybe I could ask you to do something for me.</u> Could you put together a report on this problem? It would be great if you could have it ready by our next meeting on the 19th.

1つ頼まれてもらえないでしょうか。この問題について報告書をまとめてもらえませんか? 次回の19日の会議までに準備しておいてもらえると助かるのですが。

▶ 報告書をまとめることを提案する

☐ Perhaps I could suggest that...

<u>Perhaps I could suggest that</u> we have someone compile a report on this problem.

この問題に関して、だれかに報告書をまとめてもらうように依頼するというのはどうでしょうか。

→ compile「資料を集めて編集する」

9. 締めの挨拶

▶ ねぎらいの言葉を述べる

☐ I know it's been a long day.

I'd like to thank everyone for your attention today. I know it's been a long day.

今日はご参加いただき、ありがとうございました。長い1日だったと思います。

▶ 参加に対する謝辞を述べる

☐ Thank you for coming today.

Thank you for coming today. I know it's been a long meeting, but I think we got a lot done.

本日はお越しいただきありがとうございました。長い会議になってしまいましたが、多くのことを片づけることができたと思います。

☐ Thank you for taking the time to meet with us today.

Thank you for taking the time to meet with us today. We accomplished a lot.

今日はお忙しい中、会議に参加いただきましてありがとうございました。多くのことを成し遂げることができました。

第 7 章◆会議の基本的進行④──会議をまとめる

▶ ひとこと付け加える

☐ Don't forget to...

Don't forget to send me your expense reports by Friday.

経費報告書を金曜日までに必ず私に提出してください。

☐ Oh, one more reminder.

Oh, one more reminder. I need your expense reports by Friday.

最後に 1 つだけ。経費報告書は金曜日までにお願いします。

▶ 閉会する

☐ That's it for today.

That's it for today.

今日はここまでとします。

☐ Let's finish here.

Let's finish here. Thanks.

これで終わります。ありがとうございました。

☐ We'll see you next week.

All right, so we'll see you next week.

それでは、また来週。

Column7 会議関連用語 PART 1

会議で「役割」を果たす人と会議で使う「資料」に関する英語表現を紹介します。

◆会議で「役割」を果たす人
facilitator　　ファシリテーター、司会者
→「世話役」的な位置づけで、議事を進行させる役割を担っている人のこと。
note-taker　　記録係
→議事録（minutes）を取る人のこと。
time-keeper　　タイムキーパー
→発表時間の残りを告げるなど、時間の管理をする人のこと。
presenter　　発表者
attendee　　出席者
→participant という言い方でも OK。

◆会議で使う「資料」など
minutes　　議事録
→proceedings とも言う。どちらの言い方でも通常複数形にする。
handout　　ハンドアウト
reference material　　参考資料
→RM という略表記が使われることもある。
proposal　　企画書
→project proposal とも言う。
budget document　　予算書
→budget だけでも「予算書」という意味になる。

第8章
ブレインストーミング
Brainstorming

- ▶ ブレインストーミングとは、自由に思いついたアイデアを出し合う場です。
- ▶ フォーマルな会議とは異なり、比較的カジュアルな言葉遣いになることが多いようです。とは言え、ルールはきちんと存在します。基本的には、「前向きなコメントしか言わない」というのがブレインストーミングにおける暗黙のルールです。

1. ブレインストーミングを提案する

▶ ブレインストーミングの必要性を述べる

☐ We need to brainstorm on...

We need to brainstorm on the promotion campaign for this product.

この商品のプロモーションのキャンペーンに関して、ブレインストーミングをする必要があります。

☐ Brainstorming is the best way to come up with...

Brainstorming is the best way to come up with a new product idea.

新商品のアイデアについて考えるには、ブレインストーミングが最も有効です。

▶ 会議の代わりに提案する

☐ We don't have time for a meeting, so...

We don't have time for a meeting, so let's have a short brainstorming session.

会議を開く時間がないので、簡単にブレインストーミングで済ませましょう。

→ brainstorming session の代わりに brainstorming meeting と言うこともある。

第8章◆ブレインストーミング

▶ カジュアルに提案する

☐ If you have time, let's brainstorm...

If you have time, let's brainstorm this problem over a cup of coffee.

もし時間があったら、コーヒーでも飲みながら、この問題についてブレインストーミングしましょう。

☐ Let's think about this problem over a cup of coffee.

Let's think about this problem over a cup of coffee.

コーヒーを飲みながら、これについて話し合いましょう。

→特に brainstorm とは言っていないが、カジュアルな話し合いなので、ブレインストーミングの形態だと予想できる。

☐ Let's do a little brainstorming...

Let's do a little brainstorming from 4:00 with just the team members.

4時からチームのメンバーだけで、軽くブレインストーミングをしよう。

→a little の代わりに some にしてもよい。

☐ Do you have a minute? I'd like to brainstorm...

Do you have a minute? I'd like to brainstorm the sales strategy.

ちょっといいかな？ 販売戦略についてブレインストーミングしたいんだけど。

2. 制限時間を決める

▶ 時間を区切る

☐ Let's brainstorm on this for...

Let's brainstorm on this for an hour.

この件に関して、1時間ぐらいブレインストーミングしましょう。

☐ Let's brainstorm on this until...

Let's brainstorm on this until the noon break.

お昼休みまで、これについてブレインストーミングしましょう。

▶ どのくらいの時間を使えるかたずねる

☐ How much time do we have for brainstorming?

Tanaka-san, how much time do we have for brainstorming?

田中さん、ブレインストーミングに使える時間はどのくらいありますか?

☐ Will that be all right?

I'm thinking of having a brainstorming session for about 15 minutes. Will that be all right?

15分ほどブレインストーミングをしたいと考えているのですが、大丈夫ですか?

第8章◆ブレインストーミング

▶ どのくらいの時間がかかるか相談する

☐ How much time should we spend brainstorming on...?

How much time should we spend brainstorming on sales strategy?

販売戦略に関するブレインストーミングは、どのくらいの時間行ったらいいでしょうか?

☐ Do think X minutes is long enough...?

Do think 15 minutes is long enough to have a brief brainstorming session?

簡単にブレインストーミングをするのに、15分あれば十分だと思いますか?

▶ 1人当たりの発言時間を決める

☐ Let's have everyone talk for at least...

Let's have everyone talk for at least five minutes.

1人が最低でも5分は発言しましょう。

☐ Let's limit our comments to...

Let's limit our comments to ten minutes at the most.

1人の発言時間は、最長でも10分とします。

3. 思いついたことを述べる

▶ 個人的な意見を述べる

☐ My opinion is that...

<u>My opinion is that</u> we should have some promotional goods made.

あくまでも個人的な意見なのですが、販売促進用グッズを作るというのはどうでしょうか？

☐ What I think we should do is...

<u>What I think we should do is</u> develop some promotional goods.

販売促進用グッズを作るべきだと思います。

☐ I don't know if you all agree with me, but...

<u>I don't know if you all agree with me, but</u> I think the most important thing is to reduce T&E expenses.

みんなが賛成するかどうかわかりませんが、交通接待費を減らすことが一番大切だと思います。

→ T&E は travel & entertainment の略。

▶ まとまっていない考えを示す

☐ I haven't got everything figured out yet, but...

第8章◆ブレインストーミング

<u>I haven't got everything figured out yet, but I</u> think we should have the launch in December.

まだ考えがまとまっていないのですが、その商品の発売時期は12月がいいと思います。

▶ 提案する

☐ How about this?

<u>How about this?</u> We give out free samples on the floor.

こういうアイデアはどうでしょうか？ 無料のサンプルを売り場で配るんです。

→この floor は「売り場」「店頭」。

☐ How about...?

<u>How about</u> giving free samples to potential customers<u>?</u>

買ってくれそうな人に、無料のサンプルを渡すというのはどうでしょうか？

▶ いいアイデアを思いついたことを示す

☐ I have a good idea.

<u>I have a good idea.</u> Let's put free samples in a magazine.

いいアイデアを思いつきました。無料のサンプルを雑誌に付録としてつけましょう。

→I know! などもよく使われる。

4. 相手の意見を発展させる

▶ 相手の意見に付け加える

☐ Your idea to...is great. What about...?

Your idea to use television commercials is great. What about magazine ads at the same time?

テレビＣＭを打つというあなたのアイデアは素晴らしいと思います。雑誌広告も同時にやってみるというのはどうでしょうか？

☐ I really like your idea. Maybe we could also...

I really like your idea. Maybe we could also place some magazine ads.

あなたの意見は大変素晴らしいですね。雑誌の広告もやってみてはどうでしょうか。

☐ I don't think there'll be a problem, but...

That's the perfect plan. I don't think there'll be a problem, but I'd like to also get the opinion of a specialist.

その計画は完璧だと思います。このままでも問題はないと思いますが、念のため、専門家の意見も聞いてみましょう。

▶ 同意しつつ修正する

☐ I like that idea, but...

I like that idea, but I'm not sure about the timing. I think January would be better than December.

それはいい考えだと思いますが、実行する時期が間違っていると思います。12月ではなく、1月に行うべきです。

☐ That makes sense, but...

I see. That makes sense, but we would need to change the launch date for XYZ's products.

なるほど、そのとおりですね。しかし、XYZ社の商品とは、市場への投入時期をずらさなければなりません。

▶ 観点を変える必要性を述べる

☐ I feel the same way, but...

I feel the same way, but we need to think about it from a different angle.

私もほとんど同じ意見です。ただ、少し違った見方をする必要があります。

☐ I agree, but...

I agree, but there's another angle we need to consider.

同感ですが、別の観点からも考えてみる必要があります。

5. 合いの手を入れる

▶ 同意していることを示す

☐ I'm all for that.

I'm all for that.
賛成！

→ be for...「…に賛成である」。反意表現は be against...「…に反対である」。

☐ Sounds good to me.

Sounds good to me.
いい考えですね。

☐ I couldn't agree more.

I couldn't agree more.
まったくそのとおりです。

▶ 100％同意していることを示す

☐ I feel the same way.

I feel the same way.
まったく同じ意見です。

☐ I couldn't have said it better myself.

I couldn't have said it better myself.
完全に同意します。

→直訳は「私にはあなたほどうまく言えませんでした」

ということ。

☐ That's perfect.

That's perfect.
完璧です。

☐ You're right on.

You're right on.
異議なし！
→ややカジュアルな言い方。

▶ 素晴らしいと思っていることを示す

☐ That's wonderful.

That's wonderful.
素晴らしい！

☐ How wonderful!

How wonderful!
なんて素晴らしいんだ！

☐ I don't think there could be a better idea.

I don't think there could be a better idea.
これより素晴らしい考えはないと思いますね。

☐ That's really great!

That's really great!
本当に素晴らしいですね！

6. 評価・検討する

▶ 相手の意見の良い点を複数挙げる

☐ **This is a good idea for X reasons. First,... Second,... And...**

This is a good idea for three reasons. First, it won't cost very much. Second, it won't take very long. And we can expect good results.

このやり方が素晴らしい理由は3つあります。まず、コストがかからないということ。そして、時間がかからないということ。さらに、良い結果が期待できるということです。

▶ 良い点と悪い点を両方述べる

☐ **I'm sure that...will be effective, but the problem is...**

I'm sure that using magazine ads will be effective, but the problem is the high cost.

雑誌広告を掲載するのは、確かに効果的だと思います。しかし、コストがかかるという弱点があります。

☐ **...but is it really worth...?**

Magazine ads will increase our sales, but is it really worth the cost?

雑誌広告によって売上げは伸びると思いますが、それだけのコストを費やす価値があるでしょうか？

第 8 章◆ブレインストーミング

☐ Let me make a list of the pros and cons of...

Let me make a list of the pros and cons of your suggestion.

あなたの提案のメリットとデメリットをリストアップしてみましょう。

▶ 相手の意見の疑問点を指摘する

☐ I'm not so sure that things will go so well.

I'm not so sure that things will go so well. From a cost perspective, I don't think placing magazine ads would be effective.

果たしてそんなにうまくいくでしょうか? コストの面から考えると、そのような広告を掲載する意味はないと思いますが。

☐ I can see a lot of problems with that method.

I can see a lot of problems with that method. We would need to solve the problems of cost, manpower, and copyright.

そのやり方には、たくさんの問題があると思います。コストの問題、人手の問題、著作権の問題などを解決しなければなりません。

Column8 会議関連用語 PART 2

「採決」するときに使われる英語表現を見てみましょう。

take a vote 　　採決する
→「…を採決によって決める」はdecide...by a vote。
come to a decision 　　決定する
→reach to a conclusionも似た表現。
abstention 　　棄権
→動詞はabstain。
adopt 　　採択する
→adapt「適応する」と間違えやすいので注意。adoptには「養子にする」という意味もある。
number of votes 　　投票数
agree with... 　　…に賛成する
→be in favor of...も「…に賛成する」という意味になる。
disagree with... 　　…に反対する
→be against... / object to...も「…に反対する」という意味になる。
majority decision 　　多数決
→The decision will be made by a majority decision.「多数決によって決定される」のように用いる。majority voteとも言う。
minority opinion 　　少数意見
unanimous 　　全会一致の、全員一致の
→発音は［ユナニマス］。The decision was made by a unanimous vote.「全会一致で決定された」のように用いる。

第9章
ファシリテーション
Facilitation

- ▶ ファシリテーションとは、議事を円滑に進行させるために、会議をうまく「仕切る」技術のことです。
- ▶ 単なる「司会者」に徹するだけでなく、議論を活性化させたり、「困った人」に対処したり、また混乱を収拾したりして、実のある会議を展開するようにしましょう。

1. 活発な議論を促す

▶ 積極的に発言してもらう

☐ **We need everyone's active participation.**

We need everyone's active participation.

みなさん、もっと積極的に参加してください。

☐ **We're not going to get anywhere if no one speaks up.**

We're not going to get anywhere if no one speaks up.

発言してもらわないと会議になりませんよ。

→ speak up「遠慮なく発言する」

☐ **Please speak up.**

Please speak up.

遠慮せずに意見を言ってください。

☐ **Please don't be shy.**

Please don't be shy.

さあ、恥ずかしがらずに。

▶ 自由に発言してもらう

☐ **Please don't hesitate so say what's on your mind.**

Please don't hesitate so say what's on your mind.

第9章◆ファシリテーション

忌憚のないご意見をお聞かせください。

▶ 経験談や実情を聞く

☐ **Does anyone have anything to say about... from...?**

Does anyone have anything to say about Tanaka-san's comments from a sales perspective?

田中さんのコメントに対して、営業の立場から何かご意見はありませんか?

▶ アドバイスを求める

☐ **Does anyone have any advice for...?**

Does anyone have any advice for Ms.Horie?

堀江さんに対して、どなたかアドバイスはありませんか?

☐ **Are there any suggestions for...?**

Are there any suggestions for Ms.Horie?

堀江さんに対して、何かご提案はありませんか?

▶ 意見を求める

☐ **Does someone have a response to...?**

Does someone have a response to Mr.Inoue?

井上さんに対して、何か言いたいことはありませんか?

2. 発言者を指名する

▶ 指名する

☐ Mr. / Ms. X, could I ask for your comments on...?

Mr.Tanaka, could I ask for your comments on this topic?

田中さん、この議題に関して何か意見を言っていただけませんか？

☐ Your comment, Mr. / Ms. X?

Your comment, Mr.Tanaka?

田中さん、コメントをお願いできますか？

→シンプルだが、これでも十分。

☐ Do you have something to say about that, Mr. / Ms. X?

Do you have something to say about that, Ms. Satake?

佐竹さん、それについて何か言うべきことはありませんか？

☐ I'd like your comment on that, Mr. / Ms. X.

I'd like your comment on that, Mr.Tanaka.

それについて、田中さんの意見をお聞きしたいのですが。

第9章◆ファシリテーション

▶ 間接的に指名する

☐ Let's have a comment from someone in...

Let's have a comment from someone in sales.

営業部の方、どなたでも結構ですので、意見をお願いします。

→部署の任意の人を指名する場合。

☐ Does anyone have any detailed information on...?

Does anyone have any detailed information on this issue?

この問題に関して、詳しい情報をお持ちの方はいませんか?

→知識・情報を持っている人を指名するパターン。

▶ 反対者を指名する

☐ Would someone like to give a different perspective?

Would someone like to give a different perspective?

今の発言に対して反論がある方は、発言してください。

☐ Is there anyone with a different opinion?

Is there anyone with a different opinion?

違った意見をお持ちの方はいらっしゃいますか?

3.「困った人」に対処する

▶ 自己主張が強すぎる人に

☐ **I'd like to see if there are any other views on this.**

Excuse me, Mr.Morita, I'd like to see if there are any other views on this.

すみませんが、森田さん、他の人の意見も聞いてみたいのですが。

☐ **Let's see what others have to say.**

I'm sorry, Mr.Tanaka, but let's see what others have to say.

申し訳ありませんが、田中さん、他の人の意見も聞いてみましょう。

☐ **It seems like you're looking at it from your own perspective.**

Mr.Tanaka, it seems like you're looking at it from your own perspective.

田中さん、それは個人的な主観が強すぎると思います。

▶ 辛辣すぎる人に

☐ **I don't think we need to go that far.**

I don't think we need to go that far.

そこまで厳しい言い方をする必要はないと思いますよ。

第9章◆ファシリテーション

▶ 文句ばかり言っている人に

☐ Instead of just complaining, let's have some constructive comments.

Instead of just complaining, let's have some constructive comments.

文句だけでなく、何か建設的なコメントはありませんか？

▶ 非協力的な態度の人に

☐ Please join in.

Mr.Tanaka, please join in. We're wasting our time if everyone doesn't participate.

田中さん、議論に加わってください。全員で話し合わなければ時間の無駄です。

☐ You seem distant.

You seem distant. We need you to participate a little more, if you would.

あなたは非協力的ですね。できれば、もう少し参加していただきたいのですが。

→ distant は「周りから距離を置いている」ということから「非協力的である」というニュアンス。

☐ Are you with us?

Are you with us? We really need you to focus.

ちゃんと聞いていらっしゃいますか？ 集中してください。

169

4. 混乱を収拾する

▶ 落ち着かせる

☐ **It's getting a little too hot. Let's cool down.**

It's getting a little too hot. Let's cool down.

少し白熱しすぎているようです。落ち着いてください。

☐ **We're getting too emotional. Let's calm down.**

We're getting too emotional. Let's calm down.

感情的になりすぎているようなので、落ち着いてください。

☐ **Please be gentlemen.**

Let's not get too emotional about this. Please be gentlemen.

あまり熱くならずに、紳士的にお願いします。

→「紳士的にお願いします」は他に、Please be civil.や Please act like ladies and gentlemen.（男女が同席している場合など）と言うこともある。

▶ けんかの仲裁に入る

☐ **Why don't you talk about it calmly between yourselves?**

Why don't you talk about it calmly between yourselves?

第9章◆ファシリテーション

後で2人で落ち着いて話し合ってはいかがですか?

☐ **This is not a war, so stop fighting.**

This is not a war, so stop fighting.

戦争をしているわけではないのですから、けんかはやめてください。

→ We're all on the same team here.「同じチームの仲間じゃないですか」も似たような表現。

▶ 結論を急がないようにする

☐ **Let's not jump to conclusions.**

Let's not jump to conclusions.

あまり性急に結論を出すのはやめましょう。

▶ 静かにしてもらう

☐ **I need to ask you to be quiet.**

I need to ask you to be quiet.

お静かに願います。

→ Please be quiet. / I need your attention. / Can I have your attention?などが類似表現。強く言う場合にはShut up! / Listen up!を用いるとよい。

☐ **Please stop for a moment and listen.**

Please stop for a moment and listen.

いったん話をやめて、こちらの話を聞いてください。

5. 話を本題に戻す

▶ 関係がない

☐ That seems a little off the topic.

I'm sorry, but that seems a little off the topic.

すみませんが、それは本題とはあまり関係がないように思われます。

→off the topic「本題から外れている」

☐ I'm afraid that's not on the agenda today.

I'm afraid that's not on the agenda today.

それは今日のアジェンダには載っていないと思われますが。

☐ Let's try to keep on the topic.

Let's try to keep on the topic.

関係のない発言はやめてください。

→Let's keep on track.とも言う。

▶ 本題に戻す

☐ Let's get back on the topic.

Let's get back on the topic.

本題に戻りましょう。

→Let's get back on track.とも言う。

第9章◆ファシリテーション

☐ We need to focus on the topic.

We need to focus on the topic.
本題に集中する必要があります。

☐ Let's talk about that later.

Let's talk about that later. We need to get on with the topic.
その話は後ですることにして、本来の議題に戻りましょう。

▶ わき道にそれていることを指摘する

☐ I'm afraid we're getting side-tracked.

I'm afraid we're getting side-tracked.
だんだん話がわき道にそれてきているようですね。

☐ It seems that we are wandering off the topic.

It seems that we are wandering off the topic.
本題から外れてしまっているようですが。

→ wanderは「さまよう」というニュアンス。

☐ I don't want to get off topic.

I don't want to get off topic.
本題から外れたくないのですが。

6. 次の議題に移る

▶ 次の議題に移ることを示す

☐ Let's go to the next item on the agenda.

Let's go to the next item on the agenda.

そろそろ次の議題に移りましょう。

☐ Let's go to the next topic.

We're running out of time. Let's go to the next topic.

時間が少なくなってきたので、次のテーマに移ります。

☐ What's next?

I think everything has been said. What's next?

意見は出尽くしたようですね。さて、次の議題は何でしょうか？

☐ Let's move on.

I think we've said all we need to. Let's move on.

言っておくべきことはすべて言い尽くしたと思います。次に進みましょう。

☐ Next topic. Let's talk about...

Next topic. Let's talk about the sales strategy.

さあ、次の議題です。販売戦略について話し合いましょう。

▶ 話を切り上げる

☐ I don't think we're going to reach a decision today.

I don't think we're going to reach a decision today. Let's go to the next topic.

今日ここで結論を出すのは無理だと思いますので、次の議題に移りませんか？

☐ ...would be a waste of time.

Talking about this any further would be a waste of time. Let's move on.

この件に関してこれ以上話し合っても時間の無駄です。次に進みましょう。

▶ 次の議題を示す

☐ I'd like to talk about...next.

I'd like to talk about next year's budget next.

さて次に、来年度の年間予算について話し合いたいと思います。

☐ Next on the agenda is...

Next on the agenda is the business plan.

次の議題は、ビジネスプランについてです。

→ The business plan is next.と言うこともできる。

7. 休憩を挟む

▶ 休憩を挟むことを示す

☐ Let's take a short break.

Let's take a short break.
少し休憩しましょう。

☐ I need a coffee break.

I need a coffee break.
コーヒーブレークが必要です。

→「トイレ休憩」なら、bathroom break あるいは restroom break となる。

☐ Let's take a five-minute break.

Let's take a five-minute break.
5分間休憩にします。

→ Let's take five. でも OK。

▶ 休憩することを提案する

☐ How about a break?

We're all a little tired, so how about a break?
みなさん疲れているようなので、休憩にしませんか？

第 9 章◆ファシリテーション

▶ 休憩を終わらせる

☐ **Let's get back to the meeting.**

Let's get back to the meeting.
会議を再開しましょう。

☐ **Are we ready to get back to business?**

Are we ready to get back to business?
そろそろ仕事に戻るとしましょうか。

▶ その他の表現

☐ **Please help yourselves.**

We have some drinks and snacks. Please help yourselves.
飲み物とスナックを用意してありますので、どうぞ召し上がってください。

☐ **Please help yourselves to...**

Please help yourselves to the drinks and snacks.
飲み物とスナックはご自由にお召し上がりください。

☐ **The restrooms are on...**

The restrooms are on the first floor. There's also a vending machine in the smoking area.
トイレは1階です。自動販売機は喫煙所のところにあります。

8. 残り時間を告げる

▶ 発言時間を制限する

☐ **We don't have much time, so try to keep your minutes to...**

We don't have much time, so try to keep your minutes to three minutes.

時間が少なくなってきたので、発言は3分以内にとどめてください。

☐ **Let's keep all comments under X minutes.**

Let's keep all comments under three minutes to conserve time.

時間を節約するため、すべての発言は3分以内にしましょう。

▶ 会議の残り時間を告げる

☐ **We only have X minutes left.**

We only have fifteen minutes left.

あと15分ぐらいしか残っていません。

☐ **We need to finish up in X minutes.**

We need to finish up in fifteen minutes.

あと15分で終わらせなければなりません。

第9章◆ファシリテーション

☐ We need to finish at...

We need to finish at 3:00.

3時で終わらせなければなりません。

→ We only have until 3:00.とも言う。

▶ 急がせる

☐ Try to keep your comments short

There's only five minutes, so try to keep your comments short.

あと5分しかありませんので、発言は手短にお願いします。

▶ 時間がないことを告げる

☐ We're almost out of time.

We're almost out of time, so we need to cut this meeting short.

もう時間がほとんどありませんので、あとの議題は省略します。

☐ You've used your allotted time.

You've used your allotted time, Mr.Morita. We'll get back to you later on.

森田さん、あなたの制限時間は終わりです。あとでまた機会を差し上げます。

Column9 トラブルをユーモアで回避する PART 1

ちょっとしたトラブルがあったときに、ユーモラスなことを言うと場が和みます。多用は禁物ですが、1つぐらいは使ってみてもいいかもしれません。

◆何かものを落としてしまったとき
I must be so boring the pen tried to commit suicide.
　私の話があまりに退屈だったので、ペンが自殺してしまいました。
I was just trying to wake you up.
　みなさんを起こそうと思ったのです。

◆何かものが壊れてしまったとき
Does anyone have some SuperGlue?
　だれか瞬間接着剤を持っていませんか？

◆資料のスペルミスを指摘されたら
That was put in there to test you.
　テストしようと思って、わざと入れたんですよ。
I knew I shouldn't have had my dog proofread this.
　犬に校正なんてさせるんじゃなかった。

◆そして、ジョークがウケなかったら
That was a Polaroid joke. It takes one minute to get it.
　今のは「ポラロイド」ジョークです。わかるまで1分かかります。

第10章
トラブルに対処する
Dealing with Problems

▶ 会議は順調に進むとは限りません。予想外の事態が発生することもよくあります。重要な会議に限って、トラブルが起こったりするものです。

▶ 日本語の使用を嫌がるネイティブもいるので、日本語を使うときにはひとことことわりを入れましょう。

1. 会議を中座する

▶ 次の予定がある

☐ **I'm sorry, but I have to leave for...**

I'm sorry, but I have to leave for my next meeting. Excuse me.

すみませんが、次の打ち合わせに行かなければならないので、これで失礼します。

→最後のExcuse me.は実際に部屋から退出するときに言う。

☐ **I have another meeting from...**

I have another meeting from 3:30. Please excuse me.

3時半から別の会議がありますので、これで失礼します。

▶ 緊急の要件

☐ **I'm sorry, but I just got an emergency phone call.**

I'm sorry, but I just got an emergency phone call, and I need to take off.

申し訳ありません。緊急の電話が入ってしまいましたので、これで失礼します。

第10章◆トラブルに対処する

▶ 中座することを告げる

☐ I need to take off now.

I need to take off now.
私はこれで中座させていただきます。

☐ I need to excuse myself.

I need to excuse myself.
これで失礼いたします。

☐ I'm afraid I have to be on my way.

I'm afraid I have to be on my way.
もう行かなくてはならないのですが。

▶ 中座して戻ってくる

☐ Excuse me for a moment, please.

Excuse me for a moment, please.
ちょっと失礼します。

☐ I'll be right back.

I'll be right back.
すぐ戻りますので。

☐ I'll be back in...

I'll be back in ten minutes.
10分ほどで戻ります。

→I'll be back in ten.とminutesを省いてもよい。

2. 不手際を詫びる

▶ 機械などのトラブル

☐ I'm afraid...isn't working.

I'm afraid our OHP isn't working, so I'll have to explain orally.

OHPが故障しているようですので、口頭で説明させてください。

☐ There's something wrong with...

There's something wrong with the microphone. I'll go and get another.

マイクの調子がおかしいようです。別のマイクを取ってきます。

☐ ...has a problem.

The air-conditioner has a problem. Isn't there another room available?

空調がおかしいですね。別の部屋は使えませんか？

▶ パソコンなどの不具合

☐ I'm afraid my computer just froze.

I'm afraid my computer just froze. Let me take minute to reboot.

パソコンがフリーズしてしまったようです。再起動するまで少々お待ちください。

第10章◆トラブルに対処する

☐ It's not showing...

It's not showing with the projector, so I'll use the whiteboard. Sorry about that.

プロジェクターに画面が表示されないので、ホワイトボードを使わせていただきます。申し訳ありません。

▶ 資料の不備

☐ The numbers in...are wrong.

The numbers in the chart on page 5 are wrong. My apologies.

資料の5ページにある表の数字が間違っております。お詫びいたします。

☐ Page X is missing from your materials.

Page 3 is missing from your materials, so let me hand it out to you.

資料の3ページが抜けていましたので、これからお配りいたます。

▶ その他の表現

☐ We don't have enough...?

We don't have enough chairs? I'll get some more right now.

イスが足りませんか？ 今すぐ持ってきます。

3. 相手の発言に割り込む

▶ 割り込む許可を求める

☐ **Can I interrupt?**

Can I interrupt? Could you explain the reason?

ちょっといいですか？ 理由を説明してもらえませんか？

☐ **Excuse me, may I interrupt?**

Excuse me, may I interrupt? I'm afraid your proposal seems unrealistic to me.

すみません、ちょっとよろしいですか？ あなたの提案は非現実的なものに思われるのですが。

☐ **Can I cut in?**

Can I cut in? I'd like to say something.

よろしいですか？ ちょっと言いたいことがあるのですが。

☐ **If I may interrupt,...**

If I may interrupt, I think this proposal needs to be modified a bit.

よろしいでしょうか？ この提案は少し訂正する必要があると思います。

第10章◆トラブルに対処する

▶ 付け加える

☐ Let me add something.

Let me add something.
ちょっとひとこと付け加えたいのですが。

☐ I'd like to add just one thing.

I'd like to add just one thing.
ひとことだけ付け加えたいのですが。

▶ ソフトに割り込む

☐ Sorry for interrupting. I need to say just one thing.

Sorry for interrupting. I need to say just one thing.
お話し中のところすみません。ひとことだけ言わせていただけますか。

▶ 発言をさえぎる

☐ Could you stop here for a moment?

Could you stop here for a moment? I'd like to say something.
いったん発言を中断していただいてもよろしいですか？言いたいことがありますので。

4. 英語が苦手であることを最初に伝える

▶ ファシリテーターから言う

☐ **Since we have some guests who aren't native English speakers, could you speak slowly and clearly?**

<u>Since we have some guests who aren't native English speakers, could you speak slowly and clearly?</u>

英語が母語でない人がいるので、ゆっくり、そしてはっきり話すようにしてください。

▶ 自分から言う

☐ **I'm not so good at English, so...**

<u>I'm not so good at English, so</u> please talk as slowly as possible.

私はあまり英語が得意でないので、なるべくゆっくり話してください。

▶ 口語やスラングなどを避けてもらう

☐ **Please try not to use a lot of colloquial expressions and slang.**

My English isn't so good, so <u>please try not to use a lot of colloquial expressions and slang</u>.

私は英語があまり得意ではないので、口語やスラングを

第10章◆トラブルに対処する

あまり使わないようにお願いいたします。

▶ 簡単な表現を使うよう頼む

☐ Please use simple vocabulary.

Please use simple vocabulary. My English isn't so good.

簡単な単語を使うようにお願いいたします。英語が苦手なので。

☐ I'd appreciate it if you would use simpler words.

I might not be familiar with some technical terms. So, I'd appreciate it if you would use simpler words.

私が知らない専門用語もあるかもしれませんので、簡単な単語を使っていただけるとありがたいのですが。

▶ 1人ずつ発言するよう求める

☐ It's confusing when everyone talks at once.

It's confusing when everyone talks at once. Could you please talk one at a time?

1度に言われるとわからないので、なるべく1人ずつ話すようにしていただけませんか?

5. 相手の英語がわからない

▶ わからない単語がある

☐ **Excuse me, but I don't know what XXX means.**

Excuse me, but I don't know what XXX means.

すみません、XXXという単語の意味がわからないのですが。

▶ 聞き取れない

☐ **What did you just say?**

Excuse me, what did you just say? I didn't catch it.

すみません、今何とおっしゃいましたか？ 聞き取れませんでした。

☐ **You said...what?**

You said our company needs to do what?

会社が何をすべき、とおっしゃたのですか？

▶ 速くてわからない

☐ **That was too fast for me.**

That was too fast for me. Could you say it again slower?

速くて聞き取れませんでした、もう1度ゆっくりお願い

☐ I couldn't understand that.

I couldn't understand that. Could you write it down for me?

聞き取れませんでした。すみませんが、紙に書いていただけますか？

▶ わかったかどうか不安である

☐ I'm not sure I understood that.

I'm not sure I understood that. Does XXX mean YYY?

理解できたかどうか不安です。XXXとは、つまりYYYという意味でしょうか？

☐ I'm getting lost.

Excuse me, but I'm getting lost. Can we go back a little?

すみません、話の流れがわからなくなりました。少し前に戻っていただけませんか？

→ get lost は本来「道に迷う」だが、このように「話の流れがわからない」という意味にもなる。

☐ I'm not understanding.

I'm not understanding. Could you use simpler vocabulary?

よくわかりません。もう少し簡単な言い方で表現していただけませんか？

6. 英語の適切な表現が浮かばない

▶ 英語でなんと言ったらよいかわからない

☐ **I'm not sure how to say it in English.**

I'm not sure how to say it in English, but I want to say...

英語でなんて言ったらいいのかわかりませんが、私が言いたいのは……。

☐ **Maybe I'm not using the right words, but...**

Maybe I'm not using the right words, but...

もしかしたら間違った表現かもしれませんが……。

☐ **Let me look that up in the dictionary.**

Excuse me. Let me look that up in the dictionary.

すみません、ちょっと辞書で調べてみます。

▶ 英語に訳すのがむずかしい

☐ **It's difficult for me to say this in English.**

It's difficult for me to say this in English, but I want to say...

うまく英語に訳すのはむずかしいのですが、私は……と言いたいのです。

第10章◆トラブルに対処する

→言い終わってから Do you understand? あるいは Do you see? と言って、伝わったかどうか確認するとよい。

☐ I can't translate it directly into English.

I can't translate it directly into English, but it's something like...

英語に直訳することはできませんが、……のようなものです。

▶ 日本語を使いたい

☐ Do you mind if we speak in Japanese for a moment?

Do you mind if we speak in Japanese for a moment?

日本人同士で、日本語を使ってちょっと相談してもよろしいでしょうか?

→複数で相談するので、if we...となる。

☐ I'd like to talk to my colleagues in Japanese.

If I may, I'd like to talk to my colleagues in Japanese to see if we all understand correctly.

もしよろしければ同僚と日本語で話して、全員正しく理解しているか確かめたいのですが。

7. 通訳者を使う

▶ 通訳者を使う許可を求める

☐ I'd like to use an interpreter.

I'm not good at English, so I'd like to use an interpreter. Is that okay?

私は英語が苦手なので、通訳者を使ってもよろしいでしょうか？

☐ If it's okay, I'd like to use an interpreter.

If it's okay, I'd like to use an interpreter.

もしよろしければ、通訳者を使いたいのですが。

▶ 通訳者を使う理由を告げる

☐ His English is pretty good.

He's not a pro, but I'll ask my co-worker to translate. His English is pretty good.

プロではありませんが、同僚に通訳を頼みたいと思います。彼は非常に英語が得意ですので。

☐ The discussion is going to get complicated.

The discussion is going to get complicated, so I'd like to use an interpreter.

ここからは込み入った話になりますので、通訳者を使いたいと思います。

第10章◆トラブルに対処する

▶ 通訳することを申し出る

☐ I'll translate.

Mr.Morita isn't so good at English, so I'll translate.

森田さんは英語が苦手なので、私が通訳します。

☐ I will interpret as needed.

Since there are some non-English speakers today, I will interpret as needed.

本日は英語が母語でない方も何人かいらっしゃいますので、必要に応じて私が通訳します。

▶ 通訳者を紹介する

☐ The translator knows a lot about...

The translator this time knows a lot about finance.

今回の通訳者は、金融関係に精通している方です。

☐ This translator knows a lot about the industry.

This translator knows a lot about the industry.

この業界のことに大変詳しい通訳者です。

→HeやSheを用いて、He's quite familiar with this industry.やShe knows a lot about the industry.と言ってもよい。

195

Column10　トラブルをユーモアで回避するPART 2

180ページの「トラブルをユーモアで回避するPART 1」の続きです。英語のジョークは日本語と発想が少し異なるので、慣れないとなかなかむずかしいかもしれません。

◆用意したはずの資料が見つからないとき
I had it here just a month ago.
　1カ月前はここにあったはずなのに。

My dog ate my visual.
　犬がスライドを食べてしまいました。
　→visualはスライドなどの「視覚資料」のこと。紙の資料の場合はMy dog ate my paper.となる。

◆スライドが逆さまになっていたら
It was really difficult to take this picture.
　この写真を撮るのは大変だったんですよ。

This is my favorite slide and I didn't want anyone else to see it.
　これはお気に入りのスライドだから、他の人には見せたくなかったんですよ。

◆それでもやっぱりジョークがウケなかったら
That's the last time I'm using one of your jokes.
　君のジョークを使うのはこれっきりにするよ。
　→ウケなかったことをだれか他の人のせいにしてしまうパターン。

日経文庫案内 (1)

〈A〉 経済・金融

1 経済指標の読み方(上) 日本経済新聞社
2 経済指標の読み方(下) 日本経済新聞社
3 貿易の知識 小峰隆夫
5 外国為替の実務 三菱UFJリサーチ&コンサルティング
6 貿易為替用語辞典 東京リサーチインターナショナル
7 外国為替の知識 国際通貨研究所
8 金融用語辞典 深尾光洋
14 手形・小切手の常識 井上俊雄
15 生命保険の知識 ニッセイ基礎研究所
18 リースの知識 宮内義彦
19 株価の見方 日本経済新聞社
21 株式用語辞典 日本経済新聞社
22 債券取引の知識 堀之内・武内
24 株式公開の知識 加藤・松野
26 EUの知識 藤井良広
30 不動産評価の知識 武田公夫
31 不動産用語辞典 日本不動産研究所
33 介護保険のしくみ 牛越博文
34 保険の知識 真屋尚生
35 クレジットカードの知識 水上宏明
36 環境経済入門 三橋規宏
38 デリバティブの知識 千葉喜久夫
40 損害保険の知識 玉村勝彦
42 証券投資理論入門 大村・俊野
44 証券化の知識 大橋和彦
45 入門・貿易実務 椿弘次
46 PFIの知識 野田由美子
47 デフレとインフレ 内田真人
48 わかりやすい企業年金 久保知行
49 通貨を読む 滝田洋一
50 テクニカル分析入門 田中勝博
51 日本の年金 藤本健太郎
52 石油を読む 藤和彦
53 株式市場を読み解く 前田昌孝
54 商品取引入門 日本経済新聞社
55 日本の銀行 笹島勝人
56 デイトレード入門 廣重勝彦
57 有望株の選び方 鈴木一之
58 中国を知る 遊川和郎
株に強くなる 投資指標の読み方 日経マネー
60 信託の仕組み 井上聡
61 電子マネーがわかる 岡田仁志
62 株式先物入門 廣重勝彦
63 排出量取引入門 三菱総合研究所

〈B〉 経営

9 経営計画の立て方 神谷・森田
11 設備投資計画の立て方 久保田政純
13 研究開発マネジメント入門 今野浩一郎
17 現代の生産管理 小川英次
18 ジャスト・イン・タイム生産の実際 平野裕之
23 コストダウンのためのIE入門 岩坪友義
25 在庫管理の実際 平野裕之
28 リース取引の実際 森住祐治
30 会社のつくり方 成毛眞
32 人事マン入門 桐村晋次
33 人事管理入門 今野浩一郎
34 能力主義人事の手引 竹内裕
36 賃金決定の手引 笹島芳雄
38 人材育成の進め方 桐村晋次
41 目標管理の手引 金узна治
42 OJTの実際 寺澤弘忠
43 管理者のためのOJTの手引 寺澤弘忠
47 コンサルティング・セールスの実際 山口弘明
48 新入社員のための営業マン入門 山口裕
49 セールス・トーク入門 笠巻勝利
51 リサイクルの知識 萩原・指išta
53 ISO9000の知識 中條武志
56 キャッシュフロー経営入門 中沢・池田
57 NPO入門 山内直人
58 M&A入門 北地・北爪
61 サプライチェーン経営入門 藤野直明
62 セクシュアル・ハラスメント対策 山田・舟山
63 クレーム対応の実際 中森・竹内
64 アウトソーシングの知識 妹尾雅夫
65 グループ経営の実際 寺澤直樹
66 人事アセスメント入門 二村英幸

日経文庫案内 (2)

68	人事・労務用語辞典	花見 忠／日本労働研究機構	
70	製品開発の知識	延岡 健太郎	
71	コンピテンシー活用の実際	相原 孝夫	
73	ISO14000入門	吉澤 正	
74	コンプライアンスの知識	髙 巖	
75	持株会社経営の実際	武藤 泰明	
76	人材マネジメント入門	守島 基博	
77	チームマネジメント	古川 久敬	
78	日本の経営	森 一夫	
79	IR戦略の実際	日本IR協議会	
80	パート・契約・派遣・請負の人材活用	佐藤 博樹	
81	知財マネジメント入門	米山・渡部	
82	CSR入門	岡本 享二	
83	成功するビジネスプラン	伊藤 良二	
84	企業経営入門	遠藤 功	
85	はじめてのプロジェクトマネジメント	近藤 哲生	
86	人事考課の実際	金津 健治	
87	TQM品質管理入門	山田 秀	
88	品質管理のための統計手法	永田 靖	
89	品質管理のためのカイゼン入門	山田 秀	
90	営業戦略の実際	北村 尚夫	
91	職務・役割主義の人事	長谷川 直紀	
92	バランス・スコアカードの知識	吉川 武男／武藤 泰明	
93	経営用語辞典		
94	技術マネジメント入門	三澤 一文	
95	メンタルヘルス入門	島 悟	
96	会社合併の進め方	玉井 裕子	
97	購買・調達の実際	上原 修	
98	中小企業のための事業継承の進め方	松木 謙一郎	
99	提案営業の進め方	松丘 啓司	
100	EDIの知識	流通システム開発センター	

〈C〉 会計・税務

1	財務諸表の見方	日本経済新聞社
2	初級簿記の知識	山浦・大倉
4	会計学入門	桜井 久勝
12	経営分析の知識	桜本 繁
13	Q&A経営分析の実際	川口 勉
18	月次決算の進め方	金児 昭
21	資金繰りの手ほどき	細野 康弘
22	原価計算の知識	加登・山本
30	英文簿記の手ほどき	小島 義輝
31	英文会計の実務	小島 義輝
35	相続・贈与税の知識	佐々木 秀一
37	入門・英文会計(上)	小島 義輝
38	入門・英文会計(下)	小島 義輝
40	キャッシュフロー計算書の見方・作り方	岩﨑 彰
41	管理会計入門	加登 豊
42	税効果会計入門	岩﨑 彰
44	時価会計入門	岩﨑・大村
46	コストマネジメント入門	伊藤 嘉博
47	連結納税の知識	玉澤・上原
48	時価・減損会計の知識	中島 康晴
49	Q&Aリースの会計・税務	井上 雅彦
50	会社経理入門	佐藤 裕一
51	企業結合会計の知識	関根 愛子
52	退職給付会計の知識	泉本 小夜子
53	会計用語辞典	片山・井上
54	内部統制の知識	町田 祥弘
55	予算管理の進め方	知野・日高
56	減価償却がわかる	都・手塚

〈D〉 法律・法務

3	管理職のための人事・労務の法律	安西 愈
4	人事の法律常識	安西 愈
6	取締役の法律知識	中島 茂
8	担保・保証の実務	岩城 謙二
11	不動産の法律知識	鎌野 邦樹
13	Q&Aリースの法律	伊藤・川畑
14	独占禁止法入門	厚谷 襄児
15	知的財産権の知識	寒河江 孝允
17	PLの知識	三井・猪尾
18	就業規則の知識	外井 浩志
19	Q&A PLの実際	三井・相澤
20	リスクマネジメントの法律知識	長谷川 俊明

日経文庫案内 (3)

21	総務の法律知識	中島 茂
22	環境法入門	畠山・大塚・北村
24	株主総会の進め方	中島 茂
25	Q&A「社員の問題行動」対応の法律知識	山田 秀雄
26	個人情報保護法の知識	岡村 久道
27	倒産法入門	田頭 章一
28	銀行の法律知識	階・渡邉
29	債権回収の進め方	池辺 吉博
30	金融商品取引法入門	黒沼 悦郎
31	会社法の仕組み	近藤 光男
32	信託法入門	道垣内 弘人
33	労働契約法入門	山川 隆一
34	労働契約の実務	浅井 隆
35	不動産登記法入門	山野目 章夫

〈E〉 流通・マーケティング

4	流通用語辞典	日本経済新聞社
5	物流の知識	宮下・中田
6	ロジスティクス入門	中田 信哉
13	マーケティング戦略の実際	水口 健次
15	顧客満足の実際	水野 良夫
16	ブランド戦略の実際	小川 孔輔
17	マーケティング・リサーチ入門	近藤 光雄
20	エリア・マーケティングの実際	米田 清紀
22	店頭マーケティングの実際	大槻 博
23	マーチャンダイジングの知識	田島 義博
28	広告入門	梶山 皓
29	広告の実際	志津野 知文
30	広告用語辞典	日経広告研究所
32	マーケティングの知識	田村 正紀
33	商品開発の実際	高谷 和夫
34	セールス・プロモーションの実際	渡辺・守口
35	マーケティング活動の進め方	木村 達也
36	売場づくりの知識	鈴木 哲男
38	チェーンストアの知識	鈴木 豊
39	コンビニエンスストアの知識	木下 安司
40	CRMの実際	古林 宏
41	マーケティング・リサーチの実際	近藤・小田
42	接客販売入門	北山 節子
43	フランチャイズ・ビジネスの実際	内川 昭比古
44	競合店対策の実際	鈴木 哲男
45	インターネット・マーケティング入門	木村 達也
46	マーケティング用語辞典	和田・日本マーケティング協会
47	ヒットを読む	品田 英雄
48	小売店長の常識	木下・竹山
49	ロジスティクス用語辞典	日通総合研究所
50	サービス・マーケティング入門	山本 昭二

〈F〉 経済学・経営学入門

3	ミクロ経済学入門	奥野 正寛
4	マクロ経済学入門	中谷 巌
7	財政学入門	入谷 純
8	国際経済学入門	浦田 秀次郎
9	金融	鈴木 淑夫
10	マネーの経済学	日本経済新聞社
13	産業連関分析入門	宮沢 健一
15	経済思想	八木 紀一郎
16	コーポレート・ファイナンス入門	砂川 伸幸
22	経営管理	野中 郁次郎
23	経営戦略	奥村 昭博
25	現代企業入門	土屋 守章
28	労働経済学入門	大竹 文雄
29	ベンチャー企業	松田 修一
30	経営組織	金井 壽宏
31	ゲーム理論入門	武藤 滋夫
32	国際金融入門	小川 英治
33	経営学入門(上)	榊原 清則
34	経営学入門(下)	榊原 清則
35	金融工学	木島 正明
36	経営史	安部 悦生
37	経済史入門	川勝 平太
38	はじめての経済学(上)	伊藤 元重
39	はじめての経済学(下)	伊藤 元重
40	組織デザイン	沼上 幹
51	マーケティング	恩蔵 直人
52	リーダーシップ入門	金井 壽宏
53	経済数学入門	佐々木 宏夫
54	経済学用語辞典	佐和 隆光
55	ポーターを読む	西谷 洋介

デイビッド・セイン（David A. Thayne）
1959年　米国生まれ
1996年　カリフォルニア州アズサパシフィック大学にて社会学修士号取得
　　　　日米会話学院などでの豊富な教授経験を活かし、数多くの英会話・ビジネス英語関連書籍などを執筆。現在、英語を中心テーマとしてさまざまな企画を実現するクリエーターグループ、エートゥーゼット（www.english-live.com）を主宰。
著　書　『プレゼンテーションの英語表現』『ネゴシエーションの英語表現』（ともに共著、日経文庫）、『ビジネス版　これが英語で言えますか』『知ってて良かったビジネス英語―オフィスお役立ち編』（以上、日経ビジネス人文庫）、『英語ライティングルールブック』『英語ライティングワークブック』（以上、DHC）など多数。

マーク・スプーン（Mark J. Spoon）
1952年　米国生まれ
1977年　コロラド大学にて化学修士号取得
1978年　同大学にて化学工学修士号取得
　　　　宇宙産業およびエネルギー産業にて25年以上のビジネス経験があり、プロジェクトマネジメントや異文化間マーケティングにも詳しい。東京とシンガポールを拠点に国際石油メジャービジネスに従事した後、現在は米国で経営コンサルタントとして活動中。
著　書　『プレゼンテーションの英語表現』『ネゴシエーションの英語表現』（ともに共著、日経文庫）

日経文庫 1099

ミーティングの英語表現

2006年 3月15日　　1版1刷
2009年 2月27日　　　 7刷

著　者　デイビッド・セイン
　　　　マーク・スプーン
発行者　羽土　力
発行所　日本経済新聞出版社
　　　　http://www.nikkeibook.com/
　　　　東京都千代田区大手町 1-9-5　郵便番号 100-8066
　　　　電話 (03) 3270-0251

印刷　奥村印刷／製本　大進堂
© A to Z, Ltd.
ISBN978-4-532-11099-4

本書の無断複写複製（コピー）は、特定の場合を除き、著作者・出版社の権利侵害になります。

Printed in Japan